Guido Kreppold OFMCap

W0188605

Die Bibel als Heilungsbuch

Tiefenpsychologischer Zugang
zur Heiligen Schrift

VIER-TÜRME-VERLAG MÜNSTERSCHWARZACH
1985

CIP-Kurztitelaufnahme der Deutschen Bibliothek

Kreppold, Guido:
Die Bibel als Heilungsbuch : tiefenpsycholog.
Zugang zur Heiligen Schrift / Guido Kreppold. -
Münsterschwarzach : Vier-Türme-Verlag, 1985.
    (Münsterschwarzacher Kleinschriften ; Bd.25)
    ISBN 3-87868-195-X
NE: GT

Gesamtherstellung: Vier-Türme-Verlag, D-8711 Münsterschwarzach
© by Vier-Türme-Verlag, Münsterschwarzach
ISSN 0171-6360
ISBN 3-87868-195-X

INHALT

Vorwort

Lectio divina, göttliche Lesung, das war und ist für die Mönche eine der Hauptsäulen ihres geistlichen Lebens. Benedikt räumt seinen Mönchen täglich 3 Stunden für die geistliche Lesung ein. Er denkt dabei nicht an ein Studieren der Bibel, sondern an ein Lesen, das den Lesenden verwandelt und ihn mit dem Geist der Heiligen Schrift erfüllt. Das Lesen ist Begegnung mit dem Wort, Ringen mit dem Wort, Einlassen des Wortes. Was in dieser Begegnung mit dem Wort der Schrift geschieht, beschreibt Augustinus so: „Das Wort Gottes ist der Gegner deines Willens, bis es der Urheber deines Heiles wird. Solange du dein eigener Feind bist, ist das Wort Gottes dein Feind. Sei dein eigener Freund, dann ist es mit dir im Einklang." Es geht in der Lesung um ein Kämpfen mit dem Wort Gottes. Das Wort Gottes greift mich an. Und ich lasse mich von ihm angreifen, ich lasse mich von ihm in Ordnung bringen. Das Wort Gottes deckt mir auf, wo ich an mir und an Gott vorbeilebe. Es zeigt mir, wo ich meine Menschwerdung verfehle, wo ich letztlich mein eigener Feind bin. In der Lesung lasse ich mir meinen gegenwärtigen Zustand aufdecken und ich lasse mich auf den Weg ein, den das Wort mir eröffnet. Es ist der Weg der Selbstwerdung, der Individuation, wie C.G. Jung es ausdrückt. Der Weg, auf dem das Bild, das Gott sich von mir gemacht hat und das meinem eigentlichen Kern und Wesen entspricht, immer klarer hervorleuchten soll. Es soll den Panzer meiner Masken und Rollen durchbrechen. Wenn es in mir sichtbar wird, dann werde ich mein eigener Freund, dann bin ich mit mir im Einklang.

Um die Heilige Schrift so lesen zu können, daß sie mich verwandelt und in mir mein eigentliches Bild, mein Selbst in der Sprache Jungs, entfaltet, braucht es ein Gespür für die Symbole, in denen die Bibel spricht. Für die alten Mönche waren die Symbole der Schrift unmittelbar verständlich. Sie dachten, fühlten und lebten in Symbolen. Für sie sprach die Bibel immer schon von ihnen, von ihren Gedanken und Gefühlen, von der inneren Auseinandersetzung, der sie sich in ihrer Einsamkeit stellten. Die Schriftauslegung der Mönche und Kirchenväter zeugt von ihrem Verständnis der Schrift. Für die Mönche war die Bibel ein Heilungsbuch. Das zeigt etwa das Bibelverständnis, das Evagrius Ponticus in seinem Antirrhetikon voraussetzt. Dort setzt er gegen jeden Gedanken, der uns krank macht, ein Wort aus der Heiligen Schrift, das uns gesundmacht. Und er geht dabei mit den historischen Texten der Schrift in einer uns befremdenden Weise um. Für ihn sind auch die historischen Texte Aussagen über unser Inneres. Sie beschreiben unsern Weg der Selbstwerdung.

Damit wir die lectio divina wieder so üben können, wie sie von Benedikt intendiert war, brauchen wir einen neuen Zugang zur Schrift. Wir müssen unser analysierendes Denken beiseite legen, unser wissenschaftliches Untersuchen eines Textes. Lectio ist kein Studieren, das unsere Neugier befriedigt. Sie will uns verwandeln. Ein Zugang, der uns diese Art von lectio divina ermöglicht, ist die tiefenpsychologische Schriftauslegung. Sie läßt uns die Symbole neu entdecken. Und sie hilft uns, den Text auf uns zu beziehen, ihn als Beschreibung der eigenen Selbstwerdung zu verstehen. Der Text bringt in uns etwas in Gang, er ändert uns, er verwandelt uns, er hilft uns, das, was sonst unbewußt in uns schlummern würde, ans Licht zu bringen und dadurch für uns wirksam werden zu lassen. Der Diplom-Psychologe und Theologe Guido Kreppold OFMCap hat in einer Vortragsreihe im Martinushaus in Aschaffenburg die Bibel aus tiefenpsychologischer Sicht beschrieben. Seine Gedanken wollen eine Hilfe sein, daß wir die Bibel so lesen, daß sie uns verwandelt und in uns den Prozeß der Selbstwerdung in Gang bringt. Die Vorträge können nur Anregungen und Anstöße sein, mehr nicht. Doch wer von dieser Sicht her selbst an die Bibel herangeht, der wird überall Bezüge zu sich selbst entdecken, der braucht nicht für jede Stelle nun eine eigene tiefenpsychologische Auslegung. Er wird sie selbst finden. Er braucht sich nur dem Text zu stellen mit der Fragestellung: Was wird da von mir ausgesagt? Was regt sich da in mir? Dann wird er ein Gespür für die Symbole der Bibel entwickeln. Und die Heilige Schrift wird für ihn immer mehr zu einem Heilungsbuch werden.

Münsterschwarzach 1.2.1985

P. Anselm Grün OSB

1. Einleitung

„Unsere Gesellschaft ist krank", kann man heute oft hören. Als Argumente werden angeführt: die fortschreitende Zerstörung der Umwelt, die wahnsinnigen Rüstungsausgaben, das Elend der Dritten Welt. Dazu kommen etwa 15 000 Menschen, die sich in der Bundesrepublik in einem Jahr das Leben nehmen, an die zwei Millionen Alkohol- und Drogenabhängige, die große Zahl von emotional geschädigten Kindern aus zerbrochenen Ehen. Nicht zu vergessen ist das Problem der Arbeitslosen. Seit 15 Jahren kämpfen viele leidenschaftlich für innere Reformen. Man hat viel durchgeführt. Die Erwartungen und Sehnsüchte an äußere, machbare, gesellschaftliche Veränderungen haben sich jedoch nicht erfüllt.
Bei vielen, auch wenn man keine Statistiken nennen kann, setzt sich die Erkenntnis durch, daß die eigene Heilung vor jedem äußeren Engagement Vorrang hat. Meist ist diese Einsicht Ergebnis eines ganz persönlichen, nicht mehr zu verdrängenden Leidensdrucks. Anzeichen für diese Entwicklung ist der hohe Andrang zu den Beratungsstellen und zu den Meditationskursen. Zweifellos haben viele Menschen damit begonnen, nach Echtheit und Wahrhaftigkeit in der Lebensführung und nach existentieller Vertiefung zu suchen. Gewiß ist es noch keine hörbare Minderheit, die sich nicht mehr auf geplante und durchgekämpfte Verbesserungen verläßt. Aber der Glaube an den Fortschritt ist doch einem erheblichen Zweifel gewichen.
Alte Übel erscheinen in neuer Form. Das belegt die Geschichte der letzten dreißig Jahre. Darum darf man es als entscheidende Wende bezeichnen, daß die innere Welt des Menschen ihren Wert zurückerhält. Der Blick nach innen zeigt:

Der durch die moderne Bildung geformte Mensch leidet an einer Überbetonung des Willens und Intellekts und an einer tödlichen Austrocknung des Emotionalen und Spirituellen. Sein Denk- und Handlungsrahmen ist einseitig und verengt. Daraus resultiert sein *Leiden* am sinnlosen Leben, an menschlichen Beziehungen, an politischen Verhältnissen. Nicht die Dinge draußen allein, er selbst, sein Bewußtsein, seine Art zu überlegen, zu fühlen, zu reden, zu sein, bedürfen einer Heilung. Dies ist aber nur möglich, indem der Mensch seine Gedankenketten durchbricht, seine Sucht, alles durch äußeres Tun bewältigen zu wollen, aufgibt und sich einem inneren Geschehen zuwendet. Die alte kirchliche Lehre bestätigt sich, daß der Mensch unfähig ist, von sich aus das Heil wiederherzustellen.

Der Titel „Die Bibel als Heilungsbuch" mag zunächst nach unglaublichen, historisch nicht haltbaren Wundererzählungen oder sogar nach magischen Praktiken klingen. Die Abhandlung möchte aber dem Zusammenhang nachgehen, der zwischen dem in der Bibel erfahrenen, von der Kirche verkündeten Heil und dem Heilungsbedürfnis des modernen Menschen besteht.

Jeden, der die Bibel und die Not der Zeit kennt, interessiert die Frage: Was hat die mit viel Mühe und Aufwand von Theologen, Seelsorgern und Katecheten dargelegte Erlösung mit der konkreten Not der Menschen zu tun, mit ihrer Angst, ihrer Vereinsamung, ihrer Überforderung, mit dem bedrohten Frieden, mit dem Hunger? Kann man eine Brücke schlagen zwischen der Erfahrung von Unheil heute und den in der biblischen Offenbarung angebotenen Heilswegen? Ist ein Christ wirklich schon im „Heil", wenn er als Säugling getauft wurde, die christlichen Lehren kennt, aber auf Grund seiner verkümmerten Persönlichkeit seine Umwelt eher belastet als zum Aufbau einer friedvolleren Welt beiträgt?

Vieles spricht dafür, daß bei einem großen Teil der Christen das Heil im Anfanghaften und Grundsätzlichen steckengeblieben ist. Den Christen, die festgefügt in der Tradition stehen, wird schon seit langem der Vorwurf gemacht, es mangle ihnen an Erlösung. Sie seien genauso der Angst, Einsamkeit und Zerrissenheit ausgeliefert. Innere Wandlung, Neuwerden, „Wiedergeburt" seien ihnen fremde Begriffe, obwohl das Neue Testament voll davon ist. Es lohnt sich, die Kritik Jungs am traditionellen Christentum zu beachten: „Es kann daher der Fall eintreten, daß ein Christ, der zwar an alle heiligen Figuren glaubt, doch im Innersten der Seele unentwickelt und unverändert bleibt, weil er den ganzen Gott „draußen" hat und ihn nicht in der Seele erfährt. Seine ausschlaggebenden Motive und seine maßgebenden Interessen und Impulse erfolgen aus der unbewußten und unentwickelten Seele, die so heidnisch und so archaisch wie nur je ist, und keineswegs aus der Sphäre des Christentums . . . Die großen Ereignisse unserer Welt, die von Menschen beabsichtigt und hervorgebracht sind, atmen nicht den Geist des Christentums, sondern des ungeschminkten Heidentums."[1]

Es hat den Anschein, daß die Schätze, die die Kirche anbietet, erst gehoben und für den konkreten Vollzug zubereitet werden müssen. Um die Brücke zum modernen Menschen zu schlagen, brauchen kirchliche Aussagen nicht verfälscht oder verwässert, sondern nur ernst genommen zu werden. Eine davon lautet: „Die Heilsgnade wirkt nach katholischem Glauben heilend, indem sie heiligmachend wirkt."[2] Dahinter steht die Erfahrung ungezählter Menschen, die dem „Heiligen" begegnet sind; sie erlebten eine faszinierende Kraft aus einem ganz anderen Bereich, die sie im Innersten berührte und heilte.

Ein Ort, wo diese Erfahrungen sich niedergeschlagen haben, ist die biblische Welt. Die Heilige Schrift ist ein Buch von Heilungsgeschichten. Sie berichtet von Menschen, die von Gott berührt, erschüttert, geheiligt und geheilt wurden. Damit ist zugleich angedeutet, wo die Brücke zwischen den biblischen Heilswegen und kirchlicher Lehrverkündigung auf der einen Seite und der Not des heutigen Menschen auf der anderen Seite zu suchen ist, nämlich in den Wurzeln der eigenen Existenz. Das bedeutet eine Absage an eine satte Zufriedenheit mit dem Oberflächlichen, an erstarrte Normen und an jedes Denken in Schablonen.

Wer jenen heilenden und heiligmachenden Punkt in der Tiefe seiner Existenz erreichen will, nimmt einen mühsamen und gefährlichen Weg auf sich, vergleichbar der Wüstenwanderung Abrahams und des israelitischen Volkes. „Die Bibel als Heilungsbuch" will dazu Hilfestellung und Anregungen geben entsprechend dem Wort aus dem Psalm 119: „Dein Wort ist ein Licht auf meinem Weg."

2. Ein neuer Zugang zur Heiligen Schrift

Nach einer Umfrage des Allensbacher Instituts[3] von 1982 lesen nur etwa 5 % der Bevölkerung regelmäßig in der Hl. Schrift. Die Bibel ist also noch weit davon entfernt, ein Heilungsbuch für die Krankheit der Zeit zu sein. Man darf davon ausgehen, daß nicht nur Gleichgültigkeit, Überforderung durch die tägliche Arbeit, Mangel an Zeit und gutem Willen diesen fehlenden Eifer bedingen, sondern einfach das Unvermögen, aus der Bibel den Gewinn zu schöpfen, den Menschen für ihre existentielle Not bräuchten. *Es fehlt der Schlüssel zum inneren Verständnis.* Viele Texte haben durch das häufige Hören im Religionsunterricht und im Gottesdienst ihren überraschenden Neuheitscharakter verloren. Bei anderen fehlt das Interesse für Ereignisse, die schon mehr als zweitausend Jahre zurückliegen. Die sprachliche Ausdrucksweise ist zudem fremd. So kann der Bezug zum eigenen Leben nur mit großer Mühe hergestellt werden, wenn es überhaupt geschieht. Was Menschen brauchen, ist aber Entlastung von emotionalen Spannungen, von Sinnleere und Verzweiflung. Wenn die Bibel vorzüglich als „Handlungsanleitung", als moralischer Codex mit Idealvorstellungen verstanden wird — man denke an die Forderungen der Bergpredigt (Mt 5–7) —, dann wird der Überforderung in Beruf und Familie noch eine weitere, belastendere hinzugefügt. Das Resultat einer Bibelstunde bleibt meist ein Appell an den guten Willen und ein schlechtes Gewissen.

Bei vielen gutwilligen Bibellesern endet ein Abschnitt gewöhnlich mit der Frage: „Was müssen wir tun?" Dem Verstehen der Hl. Schrift kommt es aber näher, sich und andere zu fragen: „Welche Gefühle, Empfindungen steigen in mir auf? Was befreit mich, was erleuchtet mein Leben, was macht mich froh?" Der so frohgewordene Mensch tut von sich aus das Richtige. Man sollte auch einmal Unverstandenes aushalten, anstatt mit alten Schablonen die Kraft einer Aussage abzuschwächen.

Um das Froh- und Heilmachende an der Bibel zu entdecken, bedarf es eines *Schlüssels* oder einer *Methode*. Sie muß so beschaffen sein, daß sie den Geschmack an dem heiligen und heilenden Buch weckt, daß sie die ganzheitlichen Heilungskräfte im Menschen anspricht und daß der Mensch in den alten Texten seine ureigenste Sache erkennt. Sie muß eine solche Wirkung vermitteln, daß er sich mit seinem Elend und seiner Hoffnung dort aufgehoben fühlt.

Auf der Suche nach einem hilfreichen Zugang zur Bibel bietet sich zunächst die an den theologischen Fakultäten übliche wissenschaftliche Exegese an. Deren Methode ist historisch-kritisch. Das bedeutet: Sie fragt kritisch: Was war wirklich? Wie sah der Text ursprünglich aus? Was wird hinter den überlagerten, verschobenen, wiederholten Erzählungen an historisch gesichertem „Material" sichtbar? Der historische Hintergrund der Texte allein ist wichtig. Man will ein objektives Wissen über geschichtliche Tatsachen vermitteln. Zum Beispiel: Was sind die ureigensten Worte Jesu, wo hat er gelebt, was hat er getan? Ein subjektives Interesse des Forschers etwa an der Person Jesu ist für die Wissenschaft hinderlich und muß draußen bleiben.

Die Methode kann zweifellos große wissenschaftliche Ergebnisse vorweisen; sie hat historische Zusammenhänge erhellt und viele neue Erkenntnisse über Entstehung und Überlieferung der heiligen Texte gebracht. Sie hat aber den

Nachteil, daß sie sich nur an den Verstand wendet — sie ist eben nur sachlich. Sie leistet wenig, wenn es um die existentiellen Belange, um die Not der Herzen geht. Sie ist nicht hilfreich, wenn sich Menschen fragen: „Inwiefern ist mir dieser Text in meiner konkreten Situation eine Botschaft vom Heil?" Weil diese Fragen im Erlebnisbereich des einzelnen liegen, also subjektiv sind, kann die historisch-kritische Methode auf Grund ihres Anspruchs von Objektivität keinen entscheidenden Beitrag zu ihrer Lösung leisten. Sie kann den Leser nicht dazu hinführen, daß er von biblischen Erzählungen ergriffen wird, und ihn nicht anleiten, sein eigenes Lebensthema darin zu entdecken. Dabei soll nicht geleugnet werden, daß manche Ergebnisse der historisch-kritischen Forschung auch für eine existentielle Interpretation nützlich sind.

Gibt es nun eine Methode, die in die Tiefe der menschlichen Seele führt und jene Brücke zwischen biblischem Geschehen und gegenwärtig Lebenden schlägt? Die Tiefenpsychologie bietet sich an, weil sie sich ja in Forschung, Lehre und Therapie um die Tiefe der Seele bemüht. Dies haben tiefenpsychologisch orientierte Theologen wie Maria Kassel[4], John A. Sanford[5] und Eugen Drewermann[6] in ihren Arbeiten zum Thema „Tiefenpsychologie und Exegese" darzustellen versucht.

Die Psychologie ist die Wissenschaft vom Erleben und Verhalten des Menschen. Die *Tiefenpsychologie* beschäftigt sich mit den Grundstrukturen der Seele, ihren Antrieben und Impulsen, die dem fühlenden und denkenden Ich noch unbekannt sind, aber das Erleben, Denken und Verhalten bestimmen. Der Begründer der Tiefenpsychologie, Sigmund Freud, hat herausgefunden, daß das kleine Ich mit Willen und Vernunft nicht viel vermag, daß es vielmehr die Emotionen sind, die das Schicksal eines Menschen, seine Logik, sowie seine Art zu leben, bestimmen. Sie bilden im Wesentlichen den Rahmen, in dem sich lebenswichtige Entscheidungen über Heil und Unheil, Glück und Unglück vollziehen.

Während Freud alle Emotionen auf die persönliche Lebensgeschichte des einzelnen zurückführte, sah Carl Gustav Jung (1875–1961), daß unter der Triebdynamik des einzelnen noch eine unbewußte Tiefenschicht vorhanden ist, die allen Menschen der verschiedensten Kulturen und Völker gemeinsam ist. Es ist dies ein Mutterboden von Urverhalten und Urerfahrung. Jung nennt diese Schichten das „kollektive", das heißt allen gemeinsame Unbewußte. In diesem Bereich lassen sich Faktoren ausmachen, die ein bestimmtes, immer wiederkehrendes Erleben und Verhalten herbeiführen. Sie werden „Archetypen" genannt, was man mit Urprägungen und Urbildern umschreiben könnte.

Der Mensch der Bibel wußte zwar nichts vom Unbewußten im modernen Sinn, aber ihm waren die Kräfte des Unbewußten als eigentätige Wesen vertraut. Für ihn waren sie nicht in der eigenen Seele, sondern draußen als Engel und Dämonen, als „böse" Geister in den Lüften (Eph 6,13), als Herrschaften, Mächte und Gewalten (Kol 1,16). Das „Unsichtbare" (Kol 1,16) könnte man mit einem gewissen Recht als das „Unbewußte" übersetzen. Es meint eine Wirklichkeit (etwas, das wirkt), die man nicht mit den Sinnen erfassen kann. Das kollektive Unbewußte mit seinen Urbildern äußert sich in den Mythen, Sagen und religiösen Vorstellungen der Völker sowie in den Träumen der Menschen, auch der heutigen. Der Traum mit seiner symbolhaften, bilderreichen Sprache ist der unmittelbare Zugang des einzelnen zum eigenen Unbewußten und zu dem der Menschheit. Hier schließt sich der Kreis vom Leben des einzelnen zur Welt der Bibel.

Die Texte der Heiligen Schrift haben denselben symbolhaften Charakter, sie entspringen demselben seelischen Mutterboden der Menschheit und wollen zu einer bleibenden, für den Menschen wichtigen und wirkenden Wahrheit hinführen. Die Bibel in einer Reihe mit Mythen, Sagen, Legenden und Träumen zu sehen, heißt nicht, sie zu entwerten, sondern ihre Absicht, ewige, gültige, für den Menschen bedeutsame Wahrheiten zu offenbaren, angemessen zu berücksichtigen[7], denn die Träume und die mit ihnen verwandte Literatur enthalten Lebensweisungen, die in Krisensituationen sehr hilfreich sind. So hat der hl. Franziskus vornehmlich auf Grund seiner Träume seine Umkehr vollzogen[8]. Damit man Bibel und Träume in ihrer Weisheit verstehen lernt, braucht man eine Aufmerksamkeit für das, was in einem vorgeht, welche Lebensthemen einen leiten, quälen oder freuen. Eine ernsthafte Selbsterfahrung, die vom Text sich betreffen läßt, schließt deshalb eine Willkür der Deutung aus. Der tiefenpsychologisch orientierten Therapie geht es um eine Entfaltung und Kultivierung der *Erlebnisfähigkeit*. Das Emotionale, das im herkömmlichen Bildungssystem ausgeklammert wird, soll zu seinem Recht kommen. Dies ermöglicht erst die Wirksamkeit des Spirituellen. Wo viel von Spiritualität die Rede ist, sollte man sich fragen: wie wirksam ist sie? Verändert sie den Menschen in seinen Motivationen, in seinen Grundmeinungen und in seinem Verhalten? Und wenn sie es tut, in welche Richtung? Zu mehr Abhängigkeit oder zu mehr Freiheit, zu mehr Intoleranz oder zu mehr Weite? Wenn durch die Schriftlesung sinnstiftende und lebenstragende Urbilder wachgerufen werden, dann hat der Leser die Überzeugung: „Hier wird meine ureigenste Sache behandelt." Es ereignet sich etwas in ihm. Das Lesen einer Heilungsgeschichte kann den eigenen Heilungsprozeß in Gang setzen, das Hören, Lesen, Aussprechen des Namens Jesu dessen Kraft als Erlöser vermitteln (Apg 13,26).

In wem das Urbild der Sonne und des Regens erweckt ist, der versteht das Wort Jesu vom „himmlischen" Vater, der seine Sonne aufgehen läßt über Böse und Gute und es regnen läßt über Gerechte und Ungerechte (Mt 5,45). In ihm selbst wird etwas von der Wärme, Zuverlässigkeit, Großzügigkeit, Freundschaft für alles Lebende blühen, wovon Sonne und Regen Symbole sind. Zurecht sieht Jung in den Urbildern den *Ort der religiösen Erfahrung* und die *Kräfte der Heilung.* Der existentielle Umgang mit der symbolhaften Sprache der Bibel ist deshalb ein wichtiger Schlüssel zu ihr und zum eigenen Innern.

Der Verdacht, durch psychologische Deutung würde die Offenbarung aufgelöst, trifft zumindest nicht auf die Analytische Psychologie Jungs zu. Warum sollte man nicht in den von Jung entdeckten Elementen der Seele die menschliche Natur des Wortes Gottes sehen? Zudem war das Hauptanliegen der psychotherapeutischen Arbeit Jungs, die Menschen wieder zur Begegnung mit den Mysterien ihrer Religion zu befähigen und deren Inhalte zu erschließen.

3. Der persönliche Weg als Antwort auf die existentiellen Fragen des Menschen

3.1. Persönlicher Weg und Individuation

Wer auf ein allgemeines Denk- und Lebensschema festgelegt ist, dem sagt das Thema des persönlichen und inneren Weges sehr wenig. Nach Erich Neumann, einem Schüler von Jung, ist der „Weg" ein Urbild, das im Bereich des Religiösen eine besondere Bedeutung hat. Es gab und gibt noch Kultwege, man denke an die Wallfahrtswege des Mittelalters nach Santiago de Compostela oder an den Kreuzweg. Das Bild des Weges für eine Lebenseinstellung hat sich in der Sprache niedergeschlagen. Man spricht von Ausrichtung, Orientierung, Orientierungslosigkeit.[9]

Es ist aufschlußreich, Träume und die Bibel nach dem Bild des Weges zu untersuchen. Es gibt viele Träume, die etwas mit dem Weg oder einer Reise zu tun haben. Jemand träumt, er muß einen steilen Berg hinaufsteigen und hat die falschen Schuhe an, er fährt mit dem Auto und die Straße endet in einer offenen Baugrube, er ist am Bahnhof und „kommt nicht zum Zug". Auch die Bibel bietet eine Menge Beispiele zum Thema Weg an: Da ist die Wanderung Abrahams und des israelitischen Volkes durch die Wüste, die Flucht Jakobs nach Mesopotamien und seine Rückkehr, die Reise des Tobias, schließlich die Wanderungen Jesu. Er sieht sein Leben als ein „Wandern". Dem Herodes läßt er ausrichten: „sagt diesem Fuchs . . . ich muß heute, morgen und übermorgen noch wandern" (Lk 13,33).

Er selbst ist der „Weg" (Joh 14,6). Selbst wenn man mit der modernen Bibelexegese diesen Ausspruch nicht als ureigenes Wort Jesu gelten läßt, kann man doch eines mit Sicherheit sagen: Jesus wurde vom Verfasser des vierten Evangeliums als Urbild des Weges erfahren. Das heißt, von Jesus ging der Drang, die Kraft und die Richtung aus. Jesus „geht" zum Vater. Die letzte Stelle macht deutlich, daß Jesu Leben nicht nur als äußeres Wandern verstanden wurde, sondern als ein innerer „Durchgang".

Mit persönlichem oder innerem Weg ist deshalb ein innerer Prozeß, eine Entwicklung, ein „Werdegang" gemeint und überall, wo in der Bibel von Reise, Weg, Wanderschaft die Rede ist, wird in symbolischer Sprache die *innere Wandlung* und Reifung ausgesagt. Das Thema der Wandlung des Menschen als Prozeß ist in der gelebten Praxis der christlichen Welt schier abhanden gekommen. Die Analytische Psychologie bietet dazu neue Aspekte. Nach Jung ist gerade die Wandlung des Menschen seine eigentliche Aufgabe. Er nennt diesen Vorgang *Individuation.*

Das Individuum, der einzelne Mensch, soll zu seiner Einmaligkeit gelangen. Er soll lernen, sich von kollektiven Vorstellungen und Grundmeinungen — was „man" denkt, tut, für recht hält — zu unterscheiden und zu lösen. Nicht aus purer Opposition, sondern weil sein ureigenstes Wesen und mit ihm die schöpferischen Kräfte erwachen. Damit ist die Veränderung jenes zu Anfang erwähnten krankmachenden Denk-, Erlebens- und Handlungsrahmens inbegriffen. Individuation ist also zunächst eine Veränderung der Persönlichkeit von innen, vom ganz Individuellen her.

Der Einwand, das Ganze sei Individualismus und Egoismus, liegt auf der Hand. Damit wird man aber in keiner Weise dem Anliegen Jungs gerecht. Eine in seinem Sinne gewachsene Individualität ist zutiefst verbunden mit der gemeinsamen seelischen Wurzel aller Menschen; denn was dem einzelnen ganz persönlich nahegeht, findet sich in der Erfahrung anderer Menschen wieder. Zudem wird er in einem ganz hohen Maße zum kreativen sozialen Handeln befähigt. Nicht mehr ein starrer, ängstlicher, zwanghafter Gehorsam gegenüber geschriebenen oder ungeschriebenen Gesetzen bestimmen seine Art, mit Menschen umzugehen, sondern Einfühlungsvermögen und die Fähigkeit, sich von Fragen anderer Menschen betreffen zu lassen.

Weil er den Frieden mit sich gefunden hat, verbreitet er eine Atmosphäre der Harmonie, der Angstfreiheit und des Angenommenseins. Was ihn einst in Auseinandersetzungen, Ängsten und Sorgen gequält hat, kann er jetzt lassen. Dahinter standen die nichtangenommenen, abgespaltenen Persönlichkeitsanteile, die jetzt integriert sind. Damit ist der zweite Aspekt der Individuation angesprochen, nämlich die *Ganzheit* der Persönlichkeit. Als das wichtigste Kennzeichen der Individuation sieht Jung den Anschluß an das „Grenzenlose", wie er das Religiöse nennt. Berührungspunkt und Begegnungsstätte mit dem Transzendenten, für einen Glaubenden mit Gott, ist der innerste Kern eines Menschen. Bei dem Prozeß der Individuation dreht sich alles um die Entfaltung dieser zu innerst angelegten Menschlichkeit. In ihr ist Gottes Schöpferwille verborgen und will entdeckt werden.

Jung spricht in Anlehnung an den Schöpfungsbericht (Gen 1,26–27) und die Kirchenväter vom *Bild Gottes im Menschen.* Dieses entwickelt eine eigene psychische Dynamik, indem es als letzte und mächtigste Instanz den Menschen von innen her bewegt und ordnet. Es ist der Erlebnisfaktor, der Bewußtes und Unbewußtes umfaßt; er wird der Archetyp des „Selbst" genannt. Das „Selbst" kann man sich als gegenüber dem vordergründigen Ich als zweites Ich vorstellen, als ein Zentrum und zugleich als ein umfassendes, großes Ganzes der Persönlichkeit.

Der ganz persönliche, bewußt wahrgenommene Weg oder die ganz eigene Entwicklung beginnt dann, wenn ein Mensch in diesem Zentrum angesprochen und getroffen wird. Es handelt sich um erschütternde und einschneidende Erlebnisse oder auch um eine ganz leise sprechende Stimme oder Ahnung.

Die Heilige Schrift spricht vom Anruf Gottes. Hierher gehören die Berufungsvisionen, wie sie von Abraham (Gen 12,1–3), Samuel (1 Sam 3,1–18), von Jesaja (Jes 6,1–8), von Jeremia (Jer 1,4–10), von Jesus (Mk 1,9–11, Mt 3,13–17, Lk 3,28) und Paulus (Apg 9,4–6, 22,6–10, 26,12–18) berichtet werden.

Gerade das Schicksal des Paulus macht deutlich, wie Individuation und Berufung durch Gott zusammenhängen: Er wird im innersten Kern erschüttert, in einem Punkt, wo sich Menschliches und Göttliches berühren; seine bisherige Vorstellungswelt bricht zusammen (vgl. Phil 3,7). Er wird zu einer ganz und gar individuellen Lebensgestaltung gedrängt.

3.2. Die existentiellen Fragen des Menschen

Die Selbstwerdung umfaßt nach Jung zwei Aufgaben:

Im ersten Teil seines Lebens muß der Mensch in dieser Welt erst einmal Fuß fassen. Seine Umwelt ermöglicht ihm zu leben; dorthin muß er sich zunächst orientieren. Er muß deren kulturellen Werte und sozialen Verhaltensweisen übernehmen, sich durch Beruf und Familie eine Position aufbauen. Das ist seine Entfaltung nach außen. Sie ist im Alter von etwa 40 abgeschlossen. Wenn die äußeren Lebensziele erreicht sind, tritt ein Stillstand des Strebens ein. Man fragt sich: Was kommt jetzt? Die Zeit ist gekommen, sich mit der inneren Wirklichkeit auseinanderzusetzen. Konkret heißt das: Inwieweit hört ein Mensch aufsteigende Fragen nach einem vertieften Sinn seines Handelns und Erlebens, seines Daseins? Inwieweit ist er bereit, sich darauf einzulassen und eine Antwort zu suchen?

Der Zeitpunkt, wo Sinnfragen den Menschen herausfordern, kann auch weit unter oder über 40 liegen. Das Alter der Teilnehmer an Meditationskursen läßt den Schluß zu, daß die leidenschaftlichsten Sucher nach Lebensvertiefung zwischen 25 und 40 sind. Bei vielen Menschen ist es eine schwere Erkrankung, die die Beachtung der Sinnfrage erzwingt. Der Gesamtorganismus reagiert mit Störung, weil wesentliche Nähe, Geborgenheit, Anschluß an das Religiöse, nicht erfüllt werden. Die Antwort auf existentielle Fragen wird nie Ergebnis rationalen Denkens oder logischer Schlußfolgerungen sein. Sie wird nur möglich, wenn sich ein Mensch mit ganzem Einsatz auf den persönlichen Weg macht.

Was sind nun existentielle Fragen?
Jeden Menschen, der ehrlich zu sich selbst ist, werden im Laufe seines Lebens, besonders in Krisensituationen, folgende Fragen bedrängen: Woher kommt das Böse? Warum soviel Leid auf der Welt? Warum muß gerade ich soviel Leid durchstehen? Warum bin ich so, wie ich bin? Warum, wofür lebe ich? Warum belasten mich die Beziehungen zu den Menschen, mit denen ich lebe? Wie werde ich damit fertig, daß ich älter werde, die Kräfte nachlassen? Kann ich mir das Ende meines Lebens überhaupt vorstellen und wie kann ich diese Tatsache in mein Lebenskonzept einbauen?
Jede vorschnelle, fertige Antwort erhöht die in-

nere Spannung noch mehr, anstatt zufriedenzustellen. Dem Menschen ist es aufgegeben, sich an diesen Fragen zu wandeln und erst im Vorgang des Werdens und Reifens wird ihm der Sinn offenbar. Auf einer tieferen Ebene lassen sich diese Fragen zusammenfassen als die Frage nach einem letzten Grund in einem selbst und in der Welt, nach einer letzten Bezogenheit und Ergriffenheit, nach dem Sein oder dem Nichts. In der Sprache der Analytischen Psychologie ist es die Suche nach dem Selbst, in der theologischen Ausdrucksweise entspricht es der Suche nach Gott. Der Aufweis eines letzten Sinns oder die religiöse Frage ist das beherrschende Element der Jungschen Analyse. Jung will seinen Patienten, Hörern und Lesern immer wieder sagen: Gott ist nicht außerhalb des Menschen, irgendwo draußen, sondern in der Tiefe der menschlichen Seele zu finden.

3.3. Verfehlte Antworten

Die Botschaft Jungs, die er vor mehr als einem halben Jahrhundert den Menschen kundtun wollte, wurde nur von wenigen gehört. Ebenso ist es mit der Botschaft, die existentielle Fragen dem Menschen ausrichten wollen. Der Durchschnittsmensch weicht ihnen aus. Weil er es nie gelernt hat, in sich hineinzuhorchen und wahrzunehmen, was für ihn richtig ist, lebt er nach einem von außen übernommenen Lebenskonzept. Statt ein eigenes zu entwickeln, flieht er in oberflächliche Bedürfnisbefriedigungen, in hektische Arbeit und Sorge um Besitz und Ansehen. Sogar religiöse Betriebsamkeit kann ein Ausweichen vor den letzten Fragen sein. Es ist nicht übertrieben zu sagen: Man kann vor lauter Religiosität den Anruf Gottes überhören. Es ist durchaus angebracht, seine eigene Frömmigkeit zu überprüfen, gerade wenn man voll und ganz zur Kirche steht. Noch häufiger ist die Flucht in Alkohol. Damit sind nicht nur die eigentlichen Alkoholiker gemeint, sondern auch der gut eingebürgerte, abendliche Trost mit geistigen Getränken. Man entgeht so der inneren Leere und Unruhe, hinter der tieferliegende Probleme sitzen.

Eine damit verbundene Form des Ausweichens ist der psychische Mechanismus der *Projektion*. Das bedeutet: Man verlegt alles zu erreichende und erstrebenswerte Gute in die eigene religiöse, politische und weltanschauliche Gruppierung und enthebt sich der Verantwortung, das Gute bei sich selbst zu verwirklichen. Der wichtigste Wunsch ist dann das Wohlergehen der eigenen Gruppe. Trifft der Wunsch ein, dann freut man sich, daß wieder ein Stück Gutes in der Welt verwirklicht wurde, ohne sich selbst in Frage stellen zu müssen. Ebenso wird alles bedrohende und abzulehnende Böse in den persönlichen, politischen und weltanschaulichen Gegner gelegt. Die Frage: „Woher das Böse?" findet damit eine sehr schnelle und bequeme Antwort.

Auffallend an solchen Menschen ist, daß sie ein Problem nie an sich herankommen lassen, den ihnen vom Leben auferlegten Widerständen ausweichen und unfähig sind, damit umzugehen. Vor allem ist bedauerlich, daß sie die Chancen der eigenen Reifung nicht wahrnehmen. Denn weil sie ja die Normen der Gruppe erfüllen – die Gruppe kann auch die Kirche sein –, fühlen sie sich gesichert und glauben deshalb, ein Weiterdenken und eine Weiterentwicklung nicht nötig zu haben. Der in seiner religiösen Haltung erstarrte Mensch ist in den Evangelien als der Typ des Pharisäers dargestellt.

3.4. Die rechte Antwort und die Heilung

Stellt sich ein Mensch den Widerständen, die ihm das Leben bereitet, dann erlebt er zunächst die Krise deutlicher und intensiver. „Es geht nicht mehr weiter" kann man oft hören. In dem Satz klingt bereits das Thema des persönlichen Weges an. Hält er in der Dunkelheit durch, ob allein oder in Begleitung eines einfühlenden und verstehenden Begleiters, dann bricht eines Tages sein erstarrtes Ich auf. Es tritt eine Wende ein. In der Heiligen Schrift heißt es, daß Gott in der Finsternis Licht entstehen läßt.

„Denn der Gott, der sprach: Aus Finsternis soll Licht aufleuchten, ist in unseren Herzen aufgeleuchtet, damit wir erleuchtet werden zur Kenntnis des göttlichen Glanzes auf dem Antlitz Christi." (2 Kor 4,6)

Die Tiefenpsychologie spricht vom Vorgang der Gegenläufigkeit. Das Unbewußte, besser gesagt dessen oberste Instanz, das Selbst, stellt nach Zeiten äußerster Anspannung neue, bisher zurückgehaltene Kräfte bereit, die das Bewußtsein überströmen. Ein Mensch, dem das widerfährt, fühlt sich wie neugeboren, bekommt Mut und Hoffnung und sieht seine Situation klarer und freier. Die alten Probleme verlieren ihren zermürbenden Charakter. Mit dieser Erfahrung geht eine neue Lebenseinstellung einher. In ihrer höchsten Form bedeutet sie Autonomie in zwischenmenschlicher Verbundenheit. Das seelische Gleichgewicht ist nicht mehr angewiesen auf die Anerkennung und das Wohlwollen der anderen. Damit verlieren sich Schuld und Minderwertigkeitsgefühle. Die bedrängenden Probleme mit Beziehungen, mit dem Leid, dem Alter, der Sinnfrage sind einer inneren Gewißheit gewichen, die aus dem Anschluß an das Transzendente kommt. Die Einstellung zu ihnen hat sich geändert und meist auch die äußere Wirklichkeit.

Überkommene Zwänge, die einengten und nicht leben ließen, lassen nach. Das Gute geschieht wie von selbst. Mit Menschen, von denen man abgeschnitten war, ist ein lebendiger, herzlicher Kontakt möglich. Ein innerer, als berechtigt empfundener Anspruch drängt einen dazu, die täglichen Gewohnheiten umzustellen, und auf dem eingeschlagenen Weg weiterzugehen. Das hier geschilderte Erleben ist bereits die Erfahrung des Selbst. Worte und Bilder aus der Hl. Schrift, über die man bisher hinweggelesen oder gehört hatte, füllen sich mit Inhalt. Vor allem gewinnen jene neutestamentlichen Begriffe an Nähe und Fülle, die von Umkehr (Mk 1,15), von Sterben und Auferstehen (Röm 6,1f), von Wiedergeburt und neuer Schöpfung (Joh 3,5, Gal 6,15, Tit 3,5) sprechen. Wer in seinem eigenen Leben Entwicklungen kennt, wird geduldiger mit anderen. Er hat Verständnis dafür, daß auch sie ihren eigenen Weg gehen müssen. Das Wort Jesu: „Ich bin der Weg" (Joh 14,6) ist tröstlich für solche, die auf dem Weg sind und sich alleingelassen fühlen.

Das zentrale Wort der neutestamentlichen Verkündigung ist aber nicht „Weg", sondern „Glaube". Jedoch ist mit „ Glaube" nicht bloßes Fürwahrhalten von Glaubenssätzen und Befolgen der Gebote gemeint. Die Menschen, die Jesus wegen ihres Glaubens lobte, — der Hauptmann von Kapharnaum (Mt 8,5—11, Lk 71—10), die kananäische Frau (Mt 15,21—28), die blutflüssige Frau (Mk 5,24—34) — waren von äußerster Not getrieben, im Innersten aufgewühlt. Sie haben sich der Begegnung mit Jesus geöffnet und sich auf das neue Geschehen eingelassen. „Dein Glaube hat dich geheilt" (Mk 5,34) sagt Jesus zur Frau, die ihn berührte. Das, was sich in diesen Menschen vollzogen hat, war der Anfang ihres persönlichen Weges. Deshalb ist es sicher nicht

falsch zu sagen, daß der Glaube im Sinne der neutestamentlichen Verkündigung den persönlichen
Weg miteinschließt.

4. Biblische Gestalten und der persönliche Weg

4.1. Stationen des Weges

Jeder innere Weg ist einmalig. Keine zwei Menschen können denselben Weg zu Gott gehen. Die Unaustauschbarkeit und Einzigartigkeit machen seine Würde aus. Trotzdem gibt es bei allen Menschen ähnliche Abläufe der Entwicklung. Es wurde bereits davon gesprochen, daß in der Tiefe der menschlichen Seele allgemeine Erlebens- und Verhaltensschemata bereitliegen, die sogenannten Archetypen oder Urbilder. Das bedeutet, daß sich im Leben eines Menschen allgemeine Grundsituationen, Entscheidungen, Themen wiederholen, aber in individueller Ausprägung. Dies wird umso stärker sein, je mehr sich ein Mensch auf den inneren Weg eingelassen hat.

Die biblischen Gestalten sind archetypische Figuren. Im Ablauf ihres Lebens scheinen die Urbilder auf. Das heißt ganz konkret: Ihr Leben ist ein Bild für den Menschen als solchen, meist ein eindrucksvolles und dramatisches. Im Leser wird etwas wachgerufen, nämlich jenes Urbild, das er mit allen Menschen gemeinsam hat. Da es mit emotionaler Kraft aufgeladen ist, können biblische Gestalten auch heute noch Interesse wecken und faszinieren. Das uns bekannteste Urbild ist Jesus selbst. Nach christlicher Auffassung ist Jesus sowohl Gott als auch voll und ganz Mensch, aber ein Mensch, der das Göttliche voll und ganz erfahren hat. Weil er ganz Mensch ist, dürfen wir auch bei ihm einen menschlichen Entwicklungsprozeß annehmen. Auch dürfte sein Entwicklungsprozeß exemplarisch für alle biblischen Gestalten gelten. Man kann sagen, daß auch Jesus alle Stadien, Aspekte und Ausfaltungen des Individuationsprozesses durchgelebt hat. Die Menschen der Bibel sind nicht in jedem Fall Vorbilder zum Nachahmen — dafür reicht ihre moralische Qualität oft nicht ganz aus —, sondern ihr Schicksal hat für uns einen vorbildlichen Charakter. Sie zeigen, wie es einem Menschen ergeht, wenn er sich auf Gott einläßt, wenn er glaubt, was Gott möglich ist, welche Um- und Irrwege er durchmachen muß, welche Aufgaben er zu lösen hat und welche Stadien des inneren Weges er zu durchschreiten hat.

Kurz zusammengefaßt lassen sich beim biblischen sowie beim heutigen Menschen folgende Phasen, Durchgänge und Stationen der inneren Entwicklung ausmachen: Ein Mensch, der den Weg auf sich nimmt, macht eine Erfahrung, die anders ist als alles Bisherige. Sie ist ihm so wertvoll und wichtig, daß er ihr nachgehen muß. Er löst sich von seiner sozialen Umwelt und deren Erwartungen. Es begegnen ihm bisher unbekannte dunkle Mächte und Möglichkeiten, er muß sich mit dem gegengeschlechtlichen Menschen in sich und draußen auseinandersetzen, er findet schließlich seine eigentliche Bestimmung, sein Selbst. In der Psychotherapie spricht man von Initialträumen, die eine Entwicklung einleiten, vom Schatten, von gegengeschlechtlichen Seelenanteilen, den Anima- bzw. den Animusfiguren. Die Bewältigung dieser Themenkreise sind innere Vorgänge. In der biblischen Erzählweise werden solche Prozesse nach außen verlagert. Es sind dann immer konkrete Menschen, Situationen, Ereignisse, die für innere Abläufe stehen. Wobei man sagen muß, daß der Werdegang des Innern auch die äußere Situation gestaltet.

4.2. Anruf und Aufbruch

Den inneren Weg kann sich kein Mensch willentlich aussuchen. Er kann ihn nicht auf Anraten guter Freunde oder auf eine Anordnung hin, im „Gehorsam" beginnen, sondern er bedarf einer *Einstiegserfahrung;* sie kann nie mit Absicht herbeigeführt oder gemacht werden. Es ist ein Ereignis, das einem widerfährt, und in dem eine neue Welt, eine neue Dimension des Daseins *aufgeht.* Treffend hat die Bibel diese Erfahrung mit dem Öffnen des Himmels umschrieben. „Da öffnete sich ihm der Himmel" (Mt 3,16) *heißt es bei der Taufe Jesu.* Voraussetzung ist allerdings eine innere seelische Bereitschaft, für die der Mensch die Verantwortung trägt und durchaus etwas tun kann. Er muß sich in seiner Krisensituation offenhalten für Neues und im Nullpunkt seiner Hoffnung standhalten. Nach Jung ist der Einbruch der transzendenten Welt in den bewußten Erlebnisbereich eine starke *Gespanntheit des Menschen.* Dies kann man mit vollem Recht von der Bekehrungsvision des Paulus sagen.

„Saulus aber, noch entbrannt von Wut und Mordgier . . . da umleuchtete ihn plötzlich ein Licht vom Himmel" (Apg 9,1.3).

Einstiegserfahrungen haben immer etwas *Ergreifendes* und Erschütterndes an sich. Paulus zitterte und staunte bei seiner Vision (Apg 9,6).

Sie sind ein so starkes Erlebnis, daß alle bisherigen Maßstäbe von Gut und Böse zerbrochen, aber auch neue geschaffen werden. Das Gesagte veranschaulicht gut die Stelle bei Jeremia:

„Schau, ich gebe dir heute die Macht über Völker und Reiche, um aus- und einzureißen, zu vernichten und in Trümmer zu legen, aufzubauen und einzupflanzen." (Jer 1,10)

Zunächst gilt diese Zusage für die innere Welt. Die Wucht der Erschütterung löst einen Prozeß aus. Das Erlebnis läßt einen nicht mehr los.

Der amerikanische Schriftsteller Carlos Castaneda schildert in einem seiner Bücher[10] seine erste Begegnung mit Juan Matus, einem alten Indianer. Sein Blick sei so faszinierend gewesen, daß er nie mehr davon losgekommen sei. Er kam zurück und ließ sich von ihm in den inneren Weg einer indianischen Geheimlehre einführen, „Reise nach Ixtlan" genannt. „Es schien, als leuchteten seine Augen aus eigener Kraft."[11] Mit dem Ergreifenden ist die Qualität des Schönen, Kostbaren und Klaren verbunden, das, was ein Mensch empfindet, wenn er in einem südlichen Land einen klaren Sternenhimmel erlebt.

Von einer Vision des Abrahams heißt es:
„Er (der Herr) führte ihn hinaus ins Freie und sprach: Schau nur nach dem Himmel und zähle die Sterne, wenn du es kannst. So zahlreich soll deine Nachkommenschaft sein." (Gen 15,5)

In dem selben Zusammenhang paßt auch der Traum Jakobs von der Himmelsleiter:
„Fürwahr der Herr ist an diesem Ort und ich wußte es nicht." (Gen 28,16)

Träume, die einen inneren Weg eröffnen, werden Initialträume genannt. Sie zeichnen sich dadurch aus, daß sie besonders klar und deutlich wahrgenommen werden und sich auch wiederholen, bis der Träumer den Anruf versteht.

Ein Mann mit 35, dem Beginn der Lebenswende, träumt: „Er löst alte Kleider in ganz feine Fasern auf, und daraus entsteht neue, weiße Wolle". Jung berichtet den Traum eines Analysanden: „Eine verhüllte Frauengestalt sitzt auf einer Treppe. Die verhüllte Frau entschleiert ihr Gesicht. Es leuchtet wie die Sonne."[12] Allen Einstiegserfahrungen, ob sie nun Visionen, Träume oder Begegnungen mit erleuchteten Menschen sind, ist gemeinsam, daß eigentätige psychische Kräfte auf den Plan gerufen werden; der Angerufene ist gezwungen, will er seinen Frieden finden, diesen inneren Mächten und Stimmen Beachtung zu schenken. Ferner trägt jede Berufungserfah-

rung die Verheißung in sich, über sich hinauszu-
wachsen in einem intensiven, erfüllten Leben. Es
geht um eine Lebensgewißheit, um die Überzeugung, daß das Leben groß und bedeutend sein
wird.

4.3. Das Anderssein

Mit dem Erwachen jener transzendenten Instanz, dem Selbst, entdeckt der Mensch sein ganz
Individuelles, sein Ureigenstes. Damit verbindet
sich notwendigerweise das Anderssein und die
Aufkündigung der Rolle, das bedeutet, daß die
bisherigen von andern erwarteten Verhaltensweisen nicht mehr erfüllt werden. So ging es allen
großen Gestalten, die von Gott berufen wurden.
Anschaulich wird es in der Berufung Abrahams;
mit der Verheißung eines großen, bedeutenden
und fruchtbaren Lebens geht der Auftrag einher,
seine Heimat zu verlassen, von seinem bisherigen
Leben Abschied zu nehmen und sich dem Neuen
zuzuwenden. Der innere Weg Abrahams stellt
sich in seinem äußeren dar. Mit dem Aufbruch in
ein fernes, unbekanntes Land entfernt er sich
auch innerlich von seinen Verwandten. Der äußere Weg vertritt den inneren Abstand. Das
Symbol ist auch in unserem Sprachgebrauch üb-
lich: *„Zwischen uns sind Welten"*, sagte eine jun-
ge Studentin zu ihrer Mutter, als sie ganz andere
weltanschauliche und religiöse Überzeugungen
annahm.
„Der Herr sprach zu Abraham: So gehe denn aus deiner Heimat, aus deiner Verwandtschaft und aus deinem Vaterhaus in ein Land, das ich dir zeigen werde.
Ich will dich zu einem großen Volk machen und dich
segnen und deinen Ruhm erhöhen; sei du ein Segen! . . . In dir sollen alle Geschlechter der Erde ge-
segnet sein." (Gen 12,1–3)
In der Geschichte Abrahams ist die innere Entwicklung in der Wanderung und im Aufenthalt in

der Wüste dargestellt. Allein schon die wasserlose Steppe ist ein Bild für die innere Leere und Dürre. Wenn Abraham von Wasserstelle zu Wasserstelle zieht, in Bethel, Mamre, Gerar seine Zelte aufschlägt, nach Ägypten gelangt, ist das im Ganzen gesehen Umherirren und Heimatlosigkeit. „Überall, wohin mich Gott aus meinem Vaterhaus irren ließ" (Gen 20,13), sagt er zu Abimelech, dem König der Philister. Erst beim Tod seiner Frau Sara kauft er von den Hethitern Land für ihr Grab. In den Kaufverhandlungen bekennt er: „Ein Fremdling und Einwohner ohne Rechte bin ich unter euch." (Gen 23,1f) Nachdem er sein Land und mit ihm alle Sicherheiten zurückgelassen hat, muß er sich einzig auf die Verheißung Gottes verlassen.

Mit der Neuheitserfahrung, steht der Mensch erst am Beginn eines langen, mühevollen Suchens. Der persönliche Weg ist nicht ausgeschildert wie eine Bundesstraße. Er bietet sich nicht als Modeströmung an, der man sich ohne größere Schwierigkeiten anschließen könnte. Vielmehr verläuft er abseits der allgemeinen Trends und schließt Umwege, Verirrungen und Dunkelheiten mit ein. Es kommen Zeiten, wo jede Klarheit genommen ist, wo man nicht mehr weitergehen kann, weder nach vorne, noch zurück. Es gibt Zustände innerer Stimmigkeit und beglückenden Friedens und quälender Niedergeschlagenheit und Einsamkeit. Zu den bisherigen Vorstellungen über das, was glücklich und zufrieden macht, und den Menschen, die diese Auffassungen teilen, tritt ein Bruch ein. Es geht einem wie den Menschen aus der Bibel. Man kann nicht mehr vorbehaltlos in der Gruppe aufgehen, deren Grundmeinung die eigene war. Das kann die eigene Familie sein, der Lebenspartner, die politische Gruppierung oder eine kirchliche Vereinigung. Feststehende Urteile über Menschen und Institutionen erweisen sich als Vorurteile und verlieren ihre Gültigkeit. Oberflächliche und geschäftige Religiosität stößt ab.

Zu alldem kommt hinzu, daß ein dermaßen aufgebrochener Mensch seinen Zustand kaum jemandem mitteilen kann, vor allem denen nicht, die ihn bisher gekannt haben. Als Neuer, Veränderter paßt er nicht mehr in das alte Schema. Jung bemerkt zu den Anfängen des Individuationsprozesses:

„Das ganz persönliche Schicksal entfremdet den betroffenen Menschen von seiner Umgebung und isoliert ihn gegen sie."[13]

Wer von Gott berührt wird, dem wird dieses persönliche Schicksal auferlegt. Als typische Gestalt, die ein solches erlitt, darf man auch den Propheten Jeremia sehen. Er wird darauf mit eindrucksvollen Bildern vorbereitet.

„Ich selbst erhebe dich jetzt zur befestigten Burg, zur eisernen Säule, zur ehernen Mauer wider die ganze Welt." (Jer 1,17)

Ähnliches ist auch von Jesus gesagt. Alle drei Synoptiker stimmen darin überein, daß Jesus nach seiner Taufe, nach seiner Berufungsvision, nachdem sich der Himmel geöffnet hatte, in die *Wüste* geführt, sogar „getrieben" wurde. (Mt 4,1, Mk 1,12, Lk 4,1). Er mußte weg von den Menschen, äußerlich und innerlich.

Einerseits war er den Menschen ganz gleich (vgl. Phil 2,5−7), andererseits, als Gottes Sohn, der ganz andere. Das Göttliche in Jesus schließt das Individuelle, das Einmalige mit ein. Er ist wie die Gleichaltrigen hineingewachsen in das Familien- und Dorfleben und in die Tradition seines Volkes. Als bei seiner Berufungsvision sein innerstes Wesen, die Unmittelbarkeit zu Gott durchgebrochen war − „Du bist mein geliebter Sohn"

(Mk 1,11; Lk 1,22) —, mußte er diese andere Seite in sich zum Zug kommen lassen. Das Anderssein Jesu durchzieht das ganze öffentliche Wirken. Jesus stand gegen die Vorstellungen seiner Zeit. Das wird offen im Konflikt mit seinen Verwandten, seinem Volk und den religiösen Führern seines Volkes. Man konnte Jesus nicht einordnen, man konnte ihn nicht übergehen. Die Reaktion auf ihn war entweder Bewunderung und Glaube oder Ablehnung und Wut. Seine ganz andere Persönlichkeit forderte heraus. Vgl. Mt. 8,28:

„Als Jesus diese Reden geendet hatte, waren die Leute von seiner Lehre betroffen; denn er lehrte sie wie einer, der Macht hat, und nicht wie ihre Schriftgelehrten. "

In diesem Zusammenhang gehört auch der Konflikt Jesu mit seiner Vaterstadt. Seine bisherigen Freunde und Bekannten konnten sein Anderssein nicht ertragen. Was will denn der plötzlich? „Ist er nicht des Zimmermanns Sohn?" (Mt 13,55). Sie konnten es nicht hinnehmen, daß er, der mit ihnen im Dorf aufgewachsen war, über ihnen stand. Sie konnten ihn nicht in seiner Einmaligkeit ernst nehmen.

„Er vollbrachte dort nicht viele Wundertaten wegen ihres Unglaubens." Mt 13,58 Vgl. Mk 6,a „er wunderte sich über ihren Unglauben". Dazu Lk 4,16−30; Lk 4,24: „Er sprach aber: Wahrlich ich sage euch: Kein Prophet wird in seiner Vaterstadt anerkannt. "

Vom Konflikt Jesu mit seinen Verwandten ist bei Mk 3,20 die Rede:

„Und er kam nach Hause. Und wieder strömte die Volksmenge zusammen, so daß sie nicht essen konnten. Und als die Seinen hörten, brachen sie auf, um sich seiner zu bemächtigen; denn sie sagten: Er ist von Sinnen. "

Hier scheint das völlige Unverständnis der Angehörigen Jesu für sein Wesen und seinen Auftrag durch. Die neue Nähe hingegen, die sich im Wil-

len und Wort Gottes, d. h. im Urgrund des
Selbst, eröffnet, gilt allen, die sich darauf einlassen.

„Jeder, der den Willen Gottes tut, der ist mir Bruder,
Schwester und Mutter." (Mk 3,35)

Für die Einzigartigkeit seines Wesens und seiner
Gotteserfahrung spricht auch die Stelle:

„Niemand kennt den Sohn als der Vater und niemand
kennt den Vater als der Sohn und wem es der Sohn offenbaren will." (Mt 11,27)

Eindeutig läßt sich von Jesus sagen, daß er, der
von Gott gerufene und Gesandte in seiner Andersartigkeit und Einmaligkeit die Erwartungen
seiner Umwelt nicht erfüllte, sich nicht mit dem
Kollektiv identifizierte, sondern ganz allein seinen Weg ging. Dieses je Eigene, Besondere ist ein
Kennzeichen der Individuation und hängt von
deren Ausmaß ab. Die Nähe zu Gott entfernt zunächst von den Menschen und führt in die Einsamkeit.

4.4. Der Schatten
4.4.1. Was ist Schatten?

Wer sich auf die Reise ins Land des Unbewußten
macht, wird als erstem seinem Schatten begegnen. Dies äußert sich in einer starken Betroffenheit über Eigenschaften und Seiten seines Wesens, die einem bisher unbekannt waren, aber viel
schaden und schon geschadet haben. Schatten ist
der dunkle, primitive Teil des Menschen. Er ist
der jeweiligen Bewußtseinseinstellung entgegengesetzt. Ein Ingenieur mit 40 kommt in die Beratung wegen unerträglicher Eheschwierigkeiten.
Er hat es durch intellektuelle Begabung, Disziplin und Fleiß zu beruflichem Erfolg gebracht,
zurück blieben Lebensfreude und Kontaktfähigkeit. Der Schatten wirkte als emotionelle Kälte,
Unverträglichkeit, übertriebener Ehrgeiz in sein
Leben hinein. Je größer der Aufwand an Willens-

kraft und Energie für bestimmte Ziele und je höher die damit verbundenen Erwartungen sind, desto mehr muß man mit der Wirkung des Schattens rechnen. Daß die gute Absicht auch das Gute bewirkt, gilt allgemein als Selbstverständlichkeit. Dies erweist sich als Illusion, wenn der Schatten mithereinspielt. So ist die christliche Erziehung bei so vielen jungen Menschen gescheitert, weil die Eltern besetzt waren von unchristlichen Zwängen und Ängsten, die die gute Absicht vereitelten. Paulus hat das Problem im Römerbrief angesprochen:

„Denn nicht das Gute, das ich will, tue ich; sondern was ich nicht will, das Böse, das vollbringe ich. Wenn ich aber das, was ich nicht will, tue, so vollbringe nicht mehr ich es, sondern die in mir wohnende Sünde. Ich erkenne also das Gesetz, daß in mir das Böse vorhanden ist, obwohl ich das Gute tun will; denn in meinem Innern freue ich mich am Gesetz Gottes, ich sehe aber ein anderes Gesetz in meinen Gliedern, das dem Gesetz meiner Vernunft widerstreitet und mich gefangenhält unter dem Gesetz der Sünde, das in meinen Gliedern ist." (Röm 7,19–23)

Was Paulus hier meint, ist nicht nur der nicht gelungene gute Vorsatz, sondern die schlimmen Auswirkungen des durchgeführten. Aus seiner eigenen Lebensgeschichte weiß er, wie das Gute Wollen das Böse Tun bedeuten kann. Es war sein Eifer für die hohen Werte der Tradition, die ihn veranlaßten, dem Mord an einem Menschen zuzustimmen (Apg 8,1), viele andere zu mißhandeln und ihnen ihre Freiheit zu nehmen (Apg 8,3; 9,1–2). Auf seinen guten Glauben aus der Sicht seines früheren Lebens weist Paulus im Philipperbrief hin:

„dem Eifer entsprechend ein Verfolger der Kirche, und der Gesetzesgerechtigkeit nach war ich untadelig." (Phil 3,6)

Deshalb sitzt bei der Suche des Schattens die Tugend auf der Anklagebank. Alle guten und gelobten Eigenschaften sind nach ihrer Rückseite zu beschauen. Der religiöse Eifer bedarf einer kritischen Überprüfung, inwieweit dahinter das eigene, ungelebte Leben leidet, die Persönlichkeit verkümmert und sich Intoleranz und Ideologie breit machen.

Ebenso kann der soziale Einsatz einem ganz subtilen Machtstreben entspringen, genauso der Einsatz für den Frieden. Eine sich aufopfernde Mutter ist auch nahe daran, ihre Kinder festzuhalten und zu beherrschen. Gerade die hohen und hehren Ideale lassen am allerwenigsten eine Überprüfung zu, weil ihre positive Qualität als selbstverständlich vorausgesetzt wird. In der Tiefenpsychologie spricht man von nicht-angenommenen, nicht-integrierten Lebensmöglichkeiten, die als Kräfte des Unbewußten ihr Eigendasein führen.

Im Traum erscheint der Schatten in gleichgeschlechtlichen Figuren, als ein Mann oder eine Frau, die im Bereich des Dunklen ist. Der Schatten ist ständiger Begleiter des Menschen, er führt die „blinden Passagiere" mit. Bei jeder Überlegung, jedem Vorhaben und jedem Tun tritt er auf den Plan. In der Mythologie, in der das Schicksal des Menschen in symbolischer Sprache dargestellt wird, tritt der Held mit einem Begleiter auf: Achilles und Patroklos, Orestes und Pylades. Im christlichen Brauchtum hat der gütige Bischof Nikolaus seinen strengen Knecht Rupprecht. Auch die Bibel ist voll von gegenseitig aufeinander abgestimmten Paaren: Kain und Abel, Isaak und Ismael, Jakob und Esau. Nimmt man die symbolische Ausdrucksweise der Bibel ernst, so kann man jeweils im zweiten Bruder den Schatten des ersten erkennen. Abel ist Hirte, Kain Ackerbauer und Städtegründer, Ismael, der

Sohn der Sklavin, ist Bewohner der Wildnis, wahrscheinlich Jäger, Isaak dagegen Hirte, Sohn der Ahnfrau und Träger der Verheißung; Esau ist ebenfalls Jäger, roh und primitiv, hat keinen Sinn für das Erstgeburtsrecht (Gen 25,27−34). Der Ackerbau und das Wohnen in Städten stellt gegenüber dem Hirtendasein die höher entwickelte Kultur und damit das höhere Bewußtsein dar, ebenso ist der Hirte dem Jäger überlegen, was die Organisation anbelangt. So steht Jakob als Symbolfigur für das Intellektuelle und das rationale Bewußtsein, Esau für die rohe Natur. Auch Ismael hat die Züge der rohen und abgelehnten Natur.

„Ein Wildeselmensch wird er; seine Hand wird gegen jedermann und jedermanns Hand gegen ihn sein" (Gen 15,12).

Wie Kain mit Abel, Jakob mit Esau umgeht, ist ein gutes Bild, wie der rational gebildete Mensch mit seinen unentwickelten Seiten, seiner Natur umgeht. Kain ermordet Abel, Jakob betrügt seinen Bruder um das Erstgeburtsrecht und um den väterlichen Segen (vgl. Gen 4,8, Gen 25,29−34; 27,5−30).

In eine abstrakte Sprache übersetzt sagt das Bild: Der Mensch versucht durch das Rationale, Verstand und Wille, die instinkthafte Seite, den Kontakt zum Unbewußten abzuwürgen, die Natur zu täuschen oder abzutöten. Aktuell wird das in unserer Zeit, wenn man meint, man könne durch bessere Planung und Organisation, durch Anreicherung von Wissen allein seine Lebensprobleme lösen, anstatt sich nach seinen eigenen dunklen Eigenschaften umzuschauen, sie sich einzugestehen und sie im Schweigen auszuhalten. In der Person des Esau ist das Gefährliche des Schattens dargestellt. Esau sinnt auf Rache und will Jakob töten (Gen 27,41).

Die im Unbewußten niedergehaltenen Kräfte verursachen einen Energiestau. Es kommt zu Depressionen oder zu Explosionen. Die verdrängten Kräfte rächen sich durch seelische Erkrankungen und zerbrochene Beziehungen. Das Zwischenmenschliche wird insofern erschwert, als man seine eigene abgelehnte Seite im persönlichen oder politischen Gegner sieht und sie dort bekämpft. Die Spaltung in weltanschauliche Lager hat direkt mit dem Problem des Schattens zu tun.

4.4.2. Jakob und sein Schatten

Will der Mensch seinen Frieden mit sich, dann muß er versuchen, sich mit dem anderen Teil seiner Persönlichkeit auszusöhnen. Die Geschichte Jakobs macht die Annahme des Schattens anschaulich. Jakob flieht vor Esau zu Laban, seinem Onkel in Mesopotamien (Gen 28,10–22). Dort muß er ihm zwanzig Jahre dienen. Jakob muß jenen Teil seiner Persönlichkeit, der ihn mit Vater und Mutter, mit der Heimat verbindet, verleugnen, solange sein Bruder, seine naturhafte Seite, gegen ihn ist. Damit fehlt ihm eine Kraft, die zu seinem Wesen gehört. Erst wenn er in seine Heimat zurückkehrt und sich mit seinem Bruder versöhnt, kann er sein eigener Herr sein, kann sich die Verheißung erfüllen, gewinnt er die Ganzheit seiner Persönlichkeit.

Auf der Rückkehr am Fluß Jabbok geschieht eine seltsame Begegnung. Jakob ringt in der Nacht bis zum Morgengrauen mit einem fremden Mann. Der Unbekannte kann ihn nicht besiegen, berührt ihn aber an der Hüfte, so daß das Hüftgelenk ausgerenkt wird. Jakob erzwingt von ihm den Segen. Der Unbekannte segnet ihn, aber gibt ihm vorher einen neuen Namen, nämlich Israel. Er erklärt Jakob, daß er mit Gott gerungen habe

(Gen 32,23—33). Die Geschichte ist aufschlußreich für die Auseinandersetzung mit dem Schatten. Erstens hat Jakob das Wagnis auf sich genommen, seinem Bruder Esau zu begegnen, er
hat den Schatten herausgefordert. Er ist dafür
auch stark genug. Seine Herde und seine Familie
sind Zeichen seines gewachsenen Bewußtseins.
Im nächtlichen Erlebnis tritt ihm der Schatten als
der Fremde gegenüber. Während des Kampfes
spürt Jakob, daß der Gegner göttliche Kräfte hat.
Man kann sagen, er entreißt sie ihm, indem er den
Segen erzwingt. Die Begegnung endet damit, daß
Jakob Gottes Antlitz schaut.
„Denn ich habe Gott von Angesicht zu Angesicht gesehen, und mein Leben ist doch erhalten geblieben."
(Gen 32,31).
Hier ist in einer Art Zeitraffer eine jahrelang dau-
ernde Entwicklung dargestellt. Die Konfronta-
tion mit den negativen, zerstörerischen, nieder-
drückenden Anteilen braucht eine große *Ich-
Stärke*. Jeder, der den inneren Weg gehen will,
muß deshalb auch die Hilfe eines Wegbegleiters,
eines Therapeuten oder Meisters in Anspruch
nehmen. Je intensiver die Auseinandersetzung
mit dem Schattenbereich wird, desto mehr zeigen
sich positive hilfreiche Kräfte. Der Schatten gibt
seinen Segen. Das geht soweit, daß dahinter das
Gottesbild, das Selbst, auftaucht. In der Füh-
lungnahme mit dem Schatten, wo neue, unbekannte, gefährliche und verbotene Impulse hoch-
kommen, ist es schwer, zu unterscheiden, welche
man zulassen darf, und welche nicht. Dazu
braucht es viel Aufmerksamkeit und Wahrhaftigkeit.

4.4.3. Der Schatten Jesu

Schatten wurde als der Bereich der ungelebten
Möglichkeiten bezeichnet, der mit Energie auf-

geladen ist. Was war nun der Schatten Jesu? Welche ungelebten Möglichkeiten hat er in sich getragen? In der Bergpredigt ruft Jesus zur Gewaltlosigkeit auf (Mt 5,38–48). Das, was er vertritt, hat so viel mit der Achtung der Freiheit des einzelnen zu tun, daß Jesus unter keinen Umständen in der Lage ist, auf jemand Druck auszuüben oder andere sich dienstbar zu machen. Es ist anzunehmen, daß ein völliger Verzicht auf Herrschaft (Lk 22,24f) den Willen zur Macht als Schatten nach sich zieht. Jesus mußte dem Machttrieb seine gefährliche und zerstörende Faszination rauben, um seiner eigenen Sendung gerecht zu werden. Unter diesem Thema sieht Jung die Versuchungsgeschichten Jesu:

„Die Versuchungsgeschichte zeigt uns deutlich, mit was für einer psychischen Macht Jesus zusammengestoßen ist: es war der Machtteufel der zeitgenössischen Psychologie, der ihn in der Wüste in ernstliche Versuchung führte."[14]

Die Versuchung zur Macht lag damals in der Luft. Das Volk erwartete einen politischen Messias. Wäre Jesus darauf eingegangen, dürfte man sich einen jüdischen Ayatolla Khomeini vorstellen. Die Lehre Mohammeds ging eine Verbindung von religiöser Hingabe und politischen Machtstreben ein. Die Worte bei Mt 4,7 gewinnen einen realen Hintergrund:

„Er zeigte ihm alle Reiche der Welt und ihre Herrlichkeit und sprach zu ihm: Dies alles will ich Dir geben, wenn Du niederfällst und mir huldigst."

Mohammed bzw. seine Nachfolger hatten innerhalb kürzester Zeit, mehr als die Hälfte der damals bekannten Welt erobert. Jesus wies die Erwartungen seines Volkes zurück, indem er auf seine innere Stimme („die Stimme des Vaters") und seine Bestimmung achtete. Er brachte zwar keine Befreiung von politischer Fremdherrschaft, aber er überwand den Archetyp des Caesars. Wer sich Jesus anschloß, stand außerhalb dieses Bannes. Dies spürten die römischen Kaiser bei den Christen instinktiv und versuchten, sie deshalb zu vernichten.

Der Machttrieb hatte in der Zeit des römischen Reiches als Archetyp eine besondere Ausprägung im absolutistischen Kaiser. Jung spricht von ihm als vom *Objektiv-Psychischen,* als von etwas, was über den Menschen steht, sie in Bann schlägt und sie zwingt, zu handeln. Der Wahn des Caesars, zu siegen oder besiegt zu werden, hatte damals die Menschheit ergriffen:

„Jesus hat sich dem Anfall des imperialistischen Wahns freiwillig ausgesetzt . . . Diesen seelischen Anfall, den er bewußt auf sich wirken ließ, unterdrückte er nicht und ließ sich auch von ihm nicht unterdrücken."[14]

Je bewußter ein Mensch ideale Werte verwirklicht, z. B. sein Selbersein zu Gott hin entwirft, desto größer wird sein Schatten, der sowohl individuell als auch kollektiv sein kann. Desto mehr ist der einzelne herausgefordert, sich mit der Eigenwirksamkeit und Eigenmächtigkeit dieser ungelebten und bewußten Kräfte auseinanderzusetzen. Wegen ihrer Eigenwirksamkeit und Autonomie werden diese Kräfte personifiziert: in der Bibel wird von Dämonen oder vom obersten der Dämonen, vom Satan gesprochen. Markus und Lukas berichten, daß Jesus vierzig Tage in der Wüste lebte und vom Satan versucht wurde. Markus fügt noch an, daß er unter den wilden Tieren lebte. Von psychologischer Seite darf man in dieser Stelle sehr deutlich Hinweise für die Auseinandersetzung mit dem Unbewußten sehen. Die Wüste wurde schon erwähnt als der Ort der Wanderung und des inneren Weges, ebenso der Einsamkeit und Leere. Die vierzig Tage Jesu entsprechen den vierzig Jahren des israelitischen Volkes in der Wüste. Die vier bedeutet Ganzheit.

Damit ist ausgesagt: der Prozeß der Läuterung ist abgeschlossen. Die wilden Tiere vertreten in den Träumen die Antriebe.

Jesus hatte die Angriffe der Dämonen und des Satans auf sich gezogen, er hatte sie als ständige Begleiter, aber er hatte sich als der stärkere erwiesen. Vgl. Lk 11,14−23, Mk 9,14−29, Mk 5,1−20.

„Auch die von unreinen Geistern Besessenen warfen sich, wenn sie ihn erblickten, vor ihm nieder und schrien: „Du bist der Sohn Gottes." (Mk 3,11−12)

Weil sich Jesus mit den Kräften des Unbewußten in sich selbst auseinandersetzte, dem Bösen in sich selbst begegnete, hatte er es nicht nötig, das Böse auf andere zu projizieren. Die Botschaft Jesu ist kein Programm gegen andere, sondern für alle Menschen, zunächst für das Volk Israel, dann für die Heiden.

Wie Jesus mit seinem Schatten lebte, ist wichtig für jeden, der eine religiöse Sendung erfüllen zu müssen glaubt. Wer aus der unmittelbaren Neuheitserfahrung an die Öffentlichkeit geht, erweist sich und anderen keinen guten Dienst. Denn das unmittelbare, religiöse Erleben setzt ungeahnte Kräfte frei, schwemmt damit auch alles Schattenhafte nach oben und verdunkelt das klare Bewußtsein. Die Geschichte bietet eine Menge Beispiele, wo mit dem religiösen Aufbruch auch andere Geister gerufen wurden. Zwischen religiöser Begeisterung und Fanatismus ist nur eine dünne Wand. Wer um seinen Schatten weiß und mit ihm Kontakt hält, wird nicht von berechtigtem Eifer in Machtausübung umkippen. Darum sind die wirklich menschenliebenden Gestalten den inneren Weg gegangen, der sie in die Wüste führte; sie haben sich erst ihrem eigenen Schatten gestellt, bevor sie anfingen, an der Welt etwas zu verbessern.

4.5. Die Anima als Frau im Mann
Der Animus als Mann in der Frau

4.5.1. Die Ganzheit des Menschen: Mann und Frau in Einem

Das Thema der Beziehung von Mann und Frau behandelt die Bibel zu Beginn und am Schluß. In der Schöpfungsgeschichte wird die Hinordnung von Mann und Frau betont.

„So schuf Gott den Menschen nach seinem Abbild, nach Gottes Bild schuf er ihn, als Mann und Frau erschuf er sie." (Gen 1,27)

Mann und Frau sind von ihrem Wesen aufeinander bezogen. Ein Mann ohne Frau, eine Frau ohne Mann ist nur ein halber Mensch. Sofort taucht die Frage auf: Wie ist es denn mit den Unverheirateten? Nun sagt Jung aufgrund seiner therapeutischen Erfahrung über gegengeschlechtliche Beziehungen folgendes: Im Manne lebt auch die Frau, in der Frau der Mann. Er nennt sie Anima bzw. Animus. Daß sich ein Mann und eine Frau anziehend finden, hat mit der Frau im Mann, bzw. dem Mann in der Frau zu tun. Der gegengeschlechtliche Seelenanteil wird jeweils im Partner gesehen. Dieser ist nur Auslöser, daß eigene unbewußte Seelenkräfte erwachen, daß man vom Anderen „begeistert" wird. Die „Ergänzung", d.h. „Ganzheit", die sich zwei Menschen aufgrund der gegenseitigen Projektion gewähren, kann nur vorläufig sein. Will der Mensch zu seinem ganzen Wesen gelangen, dann muß er den unbewußten gegengeschlechtlichen Seelenanteil ins Bewußtsein überführen. Er muß sozusagen die Frau oder den Mann in sich selbst heiraten. Dann ist er auch als Unverheirateter ein ganzer Mensch.

Deshalb hat die Bibel die Erlösung und Vollendung des Menschen unter dem Bild der Hochzeit dargestellt. Daß zu Beginn des öffentlichen Wir-

kens Jesu eine Hochzeit steht (Joh 2,1–11), ent-
springt dem intuitiven Wissen des Verfassers des
vierten Evangeliums um diese Zusammenhänge.
In Joh 3,29 bezeichnet Johannes der Täufer Jesus
als den Bräutigam:
„Der die Braut hat, ist Bräutigam; der Freund des
Bräutigams aber, der dasteht und auf ihn horcht, ist
voll Freude über den Ruf des Bräutigams. Diese Freu-
de nun hat sich als die meine erfüllt."
Bei Matthäus greift Jesus das Bild der Hochzeit
dreimal auf:
Da ist das Gleichnis von einem König, „der seinem
Sohn die Hochzeit hielt" (Mt 22,2), von den zehn
Jungfrauen, „die ihre Lampen nahmen und sich auf-
machten zur Begegnung mit dem Bräutigam" (Mt
25,1–13). Seine Jünger, die nicht fasten, sind selbst die
Hochzeitsleute. „Können denn die Freunde des Bräu-
tigams trauern, solange bei ihnen der Bräutigam ist?"
(Mt 9,15).
Der Endzustand der Menschheit, der Sieg Christi
wird in der Geheimen Offenbarung unter dem
Bild der Hochzeit geschildert.
„Ich sah die heilige Stadt als neues Jerusalem herabstei-
gen von Gott her aus dem Himmel, hergerichtet wie
eine Braut, die sich geschmückt hat für ihren Mann."
(Offb. 21,2) Der siebte Engel will dem Seher die
„Braut zeigen, die Gattin des Lammes!" (Offb 21,9)
Das Bild der Hochzeit für die Vollendung des
persönlichen Weges ist das vorherrschendste
Motiv in den Märchen. Fast alle Erzählungen
über die Entwicklung des Helden enden mit der
Heirat, meist eines Prinzen und einer Prinzessin.

4.5.2. Symbolfiguren von Anima und Animus

Die Anima, die Frau im Mann, symbolisiert seine
Gefühlsseite mit den verschiedenen Aspekten,
der Animus, der Mann in der Frau, ihren Ver-
standes- und Willensbereich. Beide Symbolfigu-
ren treten in positiven oder negativen Ausprä-
gungen auf. Sie stehen für die unbewußten, unre-

flektierten, nicht bearbeiteten Eigenschaften des Mannes bzw. der Frau. Der negative Aspekt der Anima erscheint in Frauen, die anlocken, verführen und töten. Die typische Märchenfigur ist dafür die Loreley. Hingegen weist eine Frau im Traum, die zu Essen gibt, auf den positiven Charakter der Anima hin. Als Symbol für die vergeistigte Liebe gilt seit jeher die Jungfrau Maria, wohingegen Eva das rein naturhaft Sexuelle vertritt. Bei Mädchen und Frauen sind es Männer, die bedrohen oder retten. Im Märchen ist es Blaubart, der Frauenmörder, und es sind die vielen Helden, die eine gefangene oder verwunschene Jungfrau, meist Prinzessin, befreien. Das Alte Testament ist voll von Frauengestalten, die den Archetyp der Anima darstellen. Da sind die beiden Frauen Jakobs, Lea und Rachel.

„Laban hatte zwei Töchter, die ältere hieß Lea, die jüngere Rachel. Leas Augen waren empfindlich; Rachel dagegen schön von Gestalt und eine hübsche Erscheinung. Jakob liebte die Rachel . . .“ (Gen 29,17,18).

Lea bekam viele Kinder, Rachel dagegen blieb lange unfruchtbar, bis sie erst später den Joseph gebar (Gen 30,22). In Lea ist eine mütterliche, vitale, nüchterne, wirklichkeitsnahe Figur versinnbildlicht, in Rachel das Glücksgefühl der romantischen Liebesbeziehung. Jakob mußte mit beiden leben. Genommen als Anima-Bilder heißt das: der Mann muß beide Seiten seiner Anima in sich verbinden: das romantisch Schöne mit dem Vitalen und Wirklichkeitsnahen.

Auch König David hatte unter seinen Frauen solche, die besonders typisch sind für das positive und negative Gesicht der Anima. Da ist Abigail, die Frau Nabals, eines Beduinenfürsten. „Sie war klug und von schöner Gestalt." (1 Sam 25,3). Als David mit ihrem Mann in Streit gerät und ihn und seine Sippschaft zu vernichten droht, kommt Abigail dem David mit Speisen und Getränken entgegen. Sie versöhnt ihn. Als ihr Mann gestorben war, nimmt David sie zur Frau (1 Sam 25,39–40). Abigail ist eine nährende, versöhnende und zudem noch schöne Anima-Eigenschaft. Seiner negativen Anima-Seite fiel David in Batseba, der Frau des Urias, zum Opfer. Es geschieht nicht nur Ehebruch, sondern auch Mord (2 Sam 11,2–26). Infolge dieser Tat stirbt das Kind, die Söhne Davids bekämpfen und töten sich gegenseitig. „Nun aber wird das Schwert von deinem Hause nimmer weichen."(2 Sam 12,10) Die gefahrbringende Anima ist besonders in Isebel, der Frau des Königs Achab, zu sehen. Wegen ihr verfällt er dem Kult des Baal und der Fruchtbarkeitsgöttin (1 Kg 16,31–33) und dem Mord an Nabot (1 Kg 21,1–15). Isebel gilt als Figur der Verführung:

„Es gab wirklich niemanden, der wie Achab alles tat, um dem Herrn zu mißfallen. Dazu verführte ihn seine Frau Isebel (1 Kg 21,25).

Vor König Achab war schon der einst weise König Salomon der Verführung der Anima-Seite verfallen. „Als Salomon älter wurde, machten seine Weiber sein Herz fremden Göttern geneigt" (1 Kg 11,4). Mit der Hinwendung an fremden Götterkult verband sich eine Auflösung der Identität eines israelitischen Herrschers und seines Volkes. Die Spaltung der Persönlichkeit Salomons wird in der Spaltung des Reiches symbolisiert. Es geht hier nicht um historische Frauengestalten, sondern um die schwache Stelle des Mannes, seine nicht integrierte Gefühlsseite und sein nicht bearbeitetes Unbewußtes. Als Beispiel einer Vollgestalt der Anima kann man Judit sehen. In ihr ist alles Frauliche und Männliche zugleich enthalten. Sie ist schön, fromm und mutig.

„Sie besaß eine schöne Gestalt und war gar lieblich an-
zuschauen . . . Niemanden gab es, der ihr irgendetwas
Bösartiges nachgesagt hätte. Sie war überaus gottes-
fürchtig." (Judit 8,7.8)

Sie hat keine Angst, unter fremde Soldaten zu gehen. Sie braucht als Frau nicht beschützt zu werden, sondern kann selbst den Schutz der Stadt
übernehmen. Sie hat den Charme einer Hofdame
und den Mut eines Helden. Der Grund ist, weil
sie ganz *mit sich eins ist* und Anschluß an die Ur-
kraft hat. Zu Recht heißt es von ihr:
„Du bist der Stolz Jerusalems, du die Freude Israels,
du die große Zier unseres Volkes." (Jd. 15,9)

Der Held, der eine Frau vom Tod rettet, ist Daniel. Er bewahrt Susanna vor der Steinigung (Dan
13,1−64). In der Art, wie er auftritt, veranschaulicht er die positive Animus-Figur, den Helden.
Er ist jung, voller Kraft und voller Würde und
stellt sich gegen die „herrschende" und tötende
Meinung. „Denn Gott hat dir die würdevolle Art
des Alters verliehen." (Dan 13,50) Vor allem
zeichnet ihn Klugheit und Unterscheidungsver-
mögen aus. Das Unterscheiden, das Auseinan-
derhalten, das kritische Denken ist darin ausgesagt, daß er die beiden Ältesten trennt. Hier ist
etwas ganz Wichtiges für die positive Funktion
des Animus ausgesagt: das rationale Bewußtsein
hat die Aufgabe, aufsteigende Impulse des Unbewußten und äußere Wirklichkeiten zu differen-
zieren. Das bringt den rettenden Fortschritt im
Leben des einzelnen sowie der Völker. Jede pau-
schale Annahme oder Ablehnung von Menschen,
Meinungen und Lehren ist von Unheil. Die Ältesten, denen Daniel gegenübertritt, sind deutliche
negative Animusfiguren. Sie vertreten das Gesetz, aber in einer Denkweise, die von der Wirklichkeit abgespalten und von der Gefühlsseite
verdunkelt ist. Dies ist die Gefahr der Frau, die

ihrem Animus verfällt. Sie wird dann beherrscht von undifferenzierten Meinungen, die sie mit unerbittlichem Fanatismus verbreitet. Ihre echten und guten Gefühle (die Susanna) hat sie verraten.

4.5.3. Jesus, die voll integrierte Persönlichkeit
Eine Geschichte mit fast gleichen Rollen wird im Johannesevangelium erzählt. Die Schriftgelehrten und Pharisäer führen Jesus eine Frau vor, die beim Ehebruch ertappt worden war (Joh 8,1−11). Die Gesetzesmenschen sind hier auch tödliche Animusfiguren. Ihr scheinbarer Eifer für das Gesetz, verbunden mit ihrem rationalen Kalkulieren, weist sie als kalte, berechnende Menschenverächter aus. Sie sind die typischen Vertreter einer Gesetzesmoral mit strenger Logik, die messerscharf zu unmenschlichen Schlußfolgerungen kommt. In einer patriarchischen Welt waren und sind es die Männer, als Möglichkeit tragen es auch die Frauen in sich.
Jesus ist in dieser Geschichte der Retter im ganz wörtlichen Sinn. Er weist die Gesetzeshüter auf ihren eigenen Schatten hin.
„Wer von euch ohne Sünde ist, werfe als erster einen Stein auf sie. . . . Da sie aber dies hörten, gingen sie davon, einer nach dem anderen, von den Ältesten angefangen bis zu den letzten." (Joh 8,7.9)
Indem ihnen ihr eigener Schatten bewußt wird, hören sie auf, ihn auf einen anderen Menschen zu projizieren. Daß Jesus so souverän über der Situation stand, beweist, wie sehr das weibliche Element in seiner Seele integriert war. Er erlebte unmittelbar die Not und Nähe eines Menschen, er hatte ein echtes Wertempfinden, er konnte Beziehungen stiften und Kontakte anknüpfen, die über die Vorstellungen eines gesetzestreuen Juden hinausgingen. Jesus ist das Gegenteil eines Mannes, dessen Anima unbewußt bleibt. Hanna

Wolff schildert einen solchen folgendermaßen:
„Der Mann, der seinen gegengeschlechtlichen Seelenanteil nicht integriert hat, wird selbst unbewußt von
diesem regiert, ebendarum verhält er sich faktisch,
trotz aller betont männlichen Fassade, wie ein primiti-
ves Weib, nämlich launisch, empfindlich, nervös, ge-
reizt, unkontrolliert, oft in Wut und Ärger . . . Spe-
ziell das Denken dieses Mannes, egozentrisch im Prinzip, ist von keinem weiblichen Gefühlsmoment be-
fruchtet, darum ist er nur intellektualistisch, formal,
lebensfern, grundsatzverhaftet und schließlich ideolo-
giebesessen. Er ist gefühlsarm, gefühlsverletzend und
entsprechend wertblind."[16]

Jesus dagegen begegnet der Frau mit spontaner
Selbstverständlichkeit, ohne Ressentiment, viel-
mehr mit einer partnerschaftlichen Sachlichkeit.
Er hatte Frauen unter seiner Jüngerschaft (Lk
8,1f). Es wird von einigen Begegnungen Jesu mit
Frauen berichtet, über welche zunächst seine
Umgebung sich wundert, die aber nichts Anstö-
ßiges an sich haben und von einer großen
menschlichen Nähe geprägt sind. Jesu Gespräch
mit der Frau am Jakobsbrunnen (Joh 4,7—26),
Jesu Begegnung mit der Sünderin beim Gastmahl
(Lk 7,36—50), Jesu Salbung durch eine Frau in
Bethanien (Joh 12,3), Jesu Freundschaft zu Mar-
tha und Maria (Lk 10,38—41).

In der rein patriarchalen Gesellschaft des
Orients, wo die Frau den Sklaven gleichgesetzt
wurde, hat Jesus die Frau als Mensch ernst genommen. Von ihm ging ein Fluidum aus, wo sogar eine sonst nur verachtete Frau, wie die Sünderin beim Gastmahl, sich angenommen fühlte.
Der Grund war, daß die Frau in Jesus selbst leben
durfte. In ihm war die Einheit von Mann und
Frau Wirklichkeit. Das Bild der Hochzeit veranschaulicht deshalb treffend die Persönlichkeit Jesu und sein öffentliches Auftreten.

4.6. Das Selbst: Ursprung, Mitte und Ziel des Weges

4.6.1. Die Große Ordnung

Der innere Weg strebt den noch verborgenen, größeren, ganzen, zukünftigen Menschen an. Dieser ist als ursprüngliche Anlage und innere Bestimmung immer schon da, aber er muß erst hervortreten. Diese Anlage ist ein mit höchster Kraft aufgeladenes Urbild. Jung spricht vom Selbst als dem Bild Gottes im Menschen. Es ist einerseits so individuell, daß jeder einzelne erst in diesem Selbst sein Ureigenstes entdeckt, andererseits so allgemein, daß es die Verbindung zu allen Menschen schafft. Es ist der innerste Punkt des Menschen und des Kosmos zugleich. Ist der Mensch damit in Einklang, dann geschieht die *„Große Ordnung"*, von der Laotse spricht:

„Der Durchdrängte ist fähig, die Große Ordnung wieder herzustellen. Er wird Sammelpunkt und verweigert sich keinem."[17]

Diese Ordnung stiftende Kraft wird in den mythischen Vorstellungen anderer Völker der „große Mensch" genannt, Pan-Ku bei den Chinesen, Puruscha bei den Hindus. Die Mystiker des Mittelalters sprechen vom Seelengrund oder Seelenfünklein.

Das wichtigste Symbol für das Selbst und für die Große Ordnung ist das Mandala, ein Quadrat, das einen Kreis enthält oder von einem solchen umschlossen ist. Die Symbolik findet sich auch in der Sprache wieder; man sagt, es ist wie die „Quadratur" des Kreises, um schier Unmögliches auszudrücken. Zum Beispiel: Wie kann ich ich selbst bleiben und doch eine Gemeinschaft bilden? Wie kann ich Gefühle mit dem Denken in Einklang bringen? Es ist aufschlußreich, daß die Bibel am Anfang und am Ende jeweils ein eindrucksvolles Mandala enthält. Das Paradies hat die Form eines Mandalas: einen Mittelpunkt mit dem Baum des Lebens und der Erkenntnis und der Quelle, deren Wasser sich in vier Ströme teilt. „Ein Strom entsprang in Eden zur Bewässerung des Gartens. Von da teilt er sich in vier Arme." (Gen 2,10) Die Aussage dieses Symbols lautet: Der ganzen Schöpfung, Mensch, Tieren und leblosen Wesen ist vom Ursprung her eine innere, selbsttätige Ordnung eingestiftet. Die Bibel endet auch mit der Schau der Großen Ordnung; die heilige Stadt, das neue Jerusalem ist ebenfalls in Form eines Mandalas angelegt:

„Die Stadt ist im Viereck gebaut, ihre Länge so groß wie ihre Breite." (Offb 21,16) „In der Mitte ihres Platzes und des Stromes zu seinen beiden Seiten steht ein Baum des Lebens." (Offb 22,2) Die Stadt quillt über von Symbolen des Selbst: Der Lichtglanz, die kostbaren Steine, die Perlen, die Straße aus Gold, die Zahl 12, die durch die Drei und Vier gebildet ist. Drei gilt als männlich, vier ist verdoppelte Zwei, zwei ist weiblich. Die Zahl 12 ist dann die vollkommene Verbindung des Weiblichen mit dem Männlichen.

Einer, der auf dem inneren Weg ist, kann solchen Symbolen auch in seinen Träumen begegnen. In Zeiten besonderer Verwirrung sind sie wirksames Zeichen, daß eine höhere Instanz auf den Plan tritt und Klarheit bringt.

4.6.2. Das göttliche Kind

Träume, die von Kindern handeln, z. B. eine Frau träumt, sie bekomme ein Kind, deuten ebenfalls auf die Wirksamkeit des Selbst hin. Das Kind ist das Unfertige in uns, d. h. der große Mensch ist im Werden. Eine biologische Schwangerschaft ist meist nicht gemeint. Das Motiv der Nachkommenschaft, das göttliche Kind, wird in der Bibel immer wieder aufgegriffen. Das Schicksal des Kindes hat ein bestimmtes Schema: Es wird unter besonders schwierigen

Umständen, meist erst durch das Eingreifen Gottes, empfangen: man denke an die Geburt Isaaks (Gen 15,1–6, Gen 17,15–17), Simsons (Ri 13,2–7), Samuels (1 Sam 1,1–20), Johannes des Täufers (Lk 1,5–25), Jesu (Lk 1,26–38). Es wird von feindlichen Mächten bedroht wie Mose und Jesus, und doch gerettet (Ex 1 und 2, Mt 2,1–18). Es wird regieren (Lk 1,33). In der Geheimen Offenbarung erscheint noch einmal das göttliche Kind. Die Geburt ist schwierig (Offb 12,2), das Kind ist in Gefahr (Offb 12,4), es wird von Gott gerettet. Es wird herrschen (Offb 12,2–5). Das Kind steht für die Lösung eines Problems, das den einzelnen und die Menschheit beschäftigt. Im Traum eines Menschen kann es der rettende Einfall sein, eine neue Sicht der Dinge, eine Befreiung aus einer bedrückenden Situation; fast immer ist es ein Impuls des Selbst. Der göttliche Ursprung des Kindes will sagen: es kann nie Ergebnis von Verstandes- und Willensanstrengungen sein, ebensowenig biologischer Abläufe. Die Schwierigkeit der Geburt deutet auf die Mühe des Neuwerdens hin. „Das Kind ist bedroht" weist darauf hin, daß der alte hoffnungslose Zustand immer noch nachwirkt und das Neuentdeckte sofort Feinde hervorruft. Die Herrschaft des Kindes deutet ebenfalls auf das Selbst hin, das eigentätig die Große Ordnung stiftet.

In diesem Bereich liegt auch die Jesaja-Stelle von der Geburt des Messiaskindes:

„Denn geboren wird uns ein Kind, ein Sohn ist uns geschenkt, auf dessen Schultern die Herrschaft ruht. Man nennt ihn Wunder-Rat, Gott-Held, Ewiger-Vater, Friedens-Fürst." (Jes 9,5)

Die letzten Aussagen sind wiederum Bezeichnungen des Selbst, jenes Mittelpunktes von Mensch und Kosmos, des kosmischen Men-

schen. „Wunder-Rat" bedeutet die höhere Bewußtheit und Einsicht, die höhere „Warte" des
neuen Menschen. „Gott-Held": es geht um das
Göttliche im Menschen, um die göttliche Kraft.
„Ewiger-Vater": dieses Prinzip ist schon immer
da, noch bevor der Mensch zu denken anfängt.
Aus ihm geht er hervor. Es ist der Ursprung.
„Friedens-Fürst" ist noch einmal der Hinweis
auf die Große Ordnung. Vom Inhalt her besteht
die Große Ordnung in der Zentrierung jedes einzelnen mit all seinen Interessen und Impulsen auf
einen gemeinsamen Mittelpunkt.

4.6.3. Christus — die zentrale Figur von Mensch und Kosmos

Für uns Christen ist dieser Mittelpunkt Christus.
Er ist die zentrale Figur der menschlichen Seele
sowie des Kosmos. Aussagen des Neuen Testa-
mentes über Christus entsprechen den Bestim-
mungen des Selbst. Eine Stelle im Kolosserbrief
sagt:
„Alles ist durch ihn und auf ihn hin geschaffen. Er ist
vor allem und alles hat in ihm Bestand." (Kol 1,17) Im
Johannesevangelium lesen wir: „Alles ist durch dieses
(den Logos-Wort, Grund, Sinn) geworden . . . In ihm
war das Leben und das Leben war das Licht der Menschen." (Joh 1,3.4)
Ein anschauliches Symbol für die Hinordnung
des Einzelnen auf ein gemeinsames Zentrum ist
die Redeweise vom Weinstock: „Ich bin der
Weinstock, ihr seid die Reben." (Joh 15,5) Konkret heißt das: alle, die ihren inneren Weg bis
zum Selbst erreicht haben, sind demselben unmittelbaren Lebensprinzip angeschlossen. Alles,
was der einzelne tut, ist voller Sinn (Logos), er
selbst ist inspiriert von der Großen Ordnung.
Die Erfahrung des Selbst löst von allem „Besitz",
von allem, was man draußen hat. Solange man
sich festklammert an Hab und Gut, an Personen,

und seien es die nächsten Familienangehörigen, an Lieblingsideen und Vorstellungen, ist die Seele zerstreut; deshalb kann auch „kein Reicher ins Himmelreich eingehen." (Mt 19,24) *Der eigene Beitrag* zur Selbsterfahrung besteht darin, die Projektionen zurückzunehmen, die psychische Energie zurückzuholen, „sich zu sammeln". Deshalb ist der innere Weg verbunden mit der Konzentration auf die Personmitte. Dies kann die ständige Wiederholung eines Gebetes oder Schriftwortes sein oder im Zazen das Koan.[18] Abraham, das Urbild des Glaubenden, ist auch für diesen Aspekt des inneren Weges von Bedeutung. Durch seinen Auszug aus der Heimat löste er alte Abhängigkeiten auf. In der Wüste ist er gezwungen, alle Kräfte in sich zu sammeln. Sein Umherirren in der Wüste ist psychologisch gesehen ein Kreisen um die Mitte, jene zentrale Bewegung, die das Selbst, die Ganzheit hervorbringt. Das Wandeln in der Wüste drückt das Werden aus. So darf man das Wort an Abraham verstehen: „Wandle vor mir und sei ungeteilt mit mir." (Gen 17,1) Die Ganzheit äußert sich in seiner Würde, Überlegenheit und Ausstrahlung. Die Hethiter nennen ihn einen „Gottesfürsten" (Gen 23,6). Melchisedeck segnet ihn (Gen 14,18). Abraham hat den Archetyp des „großen Menschen" so in sich verwirklicht, daß er selbst zur archetypischen Figur wird. „Unser aller Vater" nennt ihn Paulus (Röm 4,11).

So sehr der Prozeß der Individuation die bewußte Mitwirkung des Menschen voraussetzt, so besteht das Eigentliche in einem Geschehen, das erlitten werden muß. In der Selbstwerdung muß sich das Ich dem Vorgang der Auflösung hingeben, um neu in einem höheren und größeren Umfang wiederhergestellt zu werden. Jung sagt dazu:

„Insofern die Individuation eine heroische und tragische, d. h. eine schwerste Aufgabe darstellt, bedeutet sie Leiden, eine Passion des Ich, d. h. des empirischen, gewöhnlichen, bisherigen Menschen, dem es zustößt, in einen größeren Umfang aufgenommen zu werden. Er leidet sozusagen an der Vergewaltigung durch das Selbst."[19]

In diesem tragischen und heroischen Vorgang besteht das, was man im Bereich der Religionen mit „Opfer" bezeichnet. Das Ich soll sterben, um desto größer zu erstehen. Ein anschauliches Beispiel ist das Sohnesopfer Abrahams (Gen 22,1–18).

„Und Gott sprach: Nimm deinen einzigen Sohn, den du lieb hast, den Isaak, begib dich in das Land Moria und bringe ihn dort auf einem Berge, den ich dir zeigen werde, zum Brandopfer dar." (Gen 22,2)

Den eigenen Sohn zu opfern ist unmenschlich, das ist mehr als das eigene Leben hergeben! Doch Abraham überhört den Anruf nicht. Mit dem Sohn der Verheißung sterben all die Jahre des Suchens, des Wartens und des Hoffens. Abraham muß noch einmal auf den Punkt null seiner Existenz zurück. Im Moment, als Abraham das Messer erhebt, stirbt er seinen eigenen Tod. Das ist der Augenblick der „Erleuchtung", des vollen Durchbruchs des Selbst. Es kommt zum Ausdruck, daß Gott ihn beim Namen nennt und Abraham antwortet.

„Da rief ihm der Engel des Herrn vom Himmel her zu und sprach: Abraham! Abraham! Der antwortete: Hier bin ich." (Gen 22,11)

Von jeher wurde das Opfer Abrahams als Vorbild für das Opfer Christi am Kreuz gesehen. Jesus mußte sterben, weil er konsequent seinen inneren Weg ging. Indem er seiner innersten Bestimmung, dem „Willen des Vaters" nachkam, geriet er in den Schnittpunkt der Gegensätze, wo sein Ich zerrissen wurde.

„Wer immer sich auf dem Weg zur Ganzheit befindet, kann jener eigentümlichen Suspension, welche die Kreuzigung darstellt, nicht entgehen. Denn er wird unfehlbar dem begegnen, was ihn durchkreuzt, nämlich dem, was er nicht sein möchte (Schatten), zweitens dem, was nicht er, sondern der andere ist (individuelle Wirklichkeit des Du), und drittens, was sein psychisches Nicht-Ich, sein kollektives Unbewußtes ist." [20] Das Ausgespanntsein Jesu am Kreuz zwischen linkem und rechtem Schächer deutet Jung als ein Ausgespanntsein zwischen den Gegensätzen, die Jesus in seinem Leiden versöhnt hat.

Indem der historische Mensch Jesus ausgelöscht wird, wurde sein Ich im Urgrund der Welt neu gebildet. Er wurde zum kosmischen Menschen. Weil Jesus den Prozeß der Menschwerdung Gottes und der Gottwerdung des Menschen, den Individuationsprozeß durchlitten hat, kann er den anderen Menschen zum Heil, d. h. zum Selbst verhelfen. Er ist der Therapeut, der die Methode selbst ist – dies kann einer nur sein, wenn er dem psychischen Entwicklungsprozeß seines Patienten voraus ist. Christus ist der Erstgeborene von den Toten, er ist der Weg zum Vater (Kol 1,18). Christus hat als erster Mensch die volle Ganzheit, die höchste Bewußtheit, die Versöhnung der Gegensätze erreicht. In Christus hat das Selbst eine konkrete Gestalt angenommen. Wenn wir die Christusnatur gewinnen, sie im Individuationsprozeß erleiden, haben wir unser eigenes Selbst erreicht, unsere eigene Vollständigkeit und Ganzheit, d. h. wir haben die Heilung in vollem Umfang.

5. Worte und Gleichnisse Jesu als Hilfen für die Individuation

Die echte Gottesbegegnung ist immer mit der Wandlung und Veränderung der eigenen Person, bzw. mit Entwicklung und Reifung verbunden. Dies meint C.G. Jung, wenn er von Individuation spricht. Die Worte und Gleichnisse Jesu sind Hilfen und zugleich Veranschaulichungen der Gottesbegegnung, damit zugleich auch der seelischen Entwicklung bzw. der Individuation.

Nochmals sei betont, daß es der psychologischen Betrachtung der Glaubensgeheimnisse nicht um deren Auflösung geht, sondern um deren menschlich nachvollziehbaren Vollzug und deren Bedeutung für das Leben. Es sollte dadurch möglich werden, sich auf die Inhalte des Glaubens einzulassen, ohne deren numinosen, d.h. geheimnisvollen Charakter zu leugnen, im Gegenteil, ihn erst zu erfahren.

5.1.1. Die Individuation als das Reich Gottes in uns

Den Inhalt dessen, was Jesus verkündet hat, fassen die Evangelisten Markus, Matthäus und Lukas mit dem Wort „Reich Gottes, bzw. Reich der Himmel (Himmelreich)", Johannes mit dem Ausdruck „ewiges Leben" zusammen.

Er verkündete die Frohe Botschaft Gottes, indem er sprach: „Die Zeit ist erfüllt, und das Reich Gottes ist nahe herbeigekommen." (Mk 1,14–15, vgl. Mt 4,17) Das Auftreten Jesu erregte großes Aufsehen (Lk 4,14f) und Jesus hatte bald neben einem engeren Jüngerkreis eine große Zahl, die ihn begleitete. Die starke Wirkung, die von Jesus ausging, war eine geistig-seelische Realität, greifbar, erlebbar, nicht eine abstrakte Lehre. In der Sündenvergebung, in den Krankenheilungen, Dämonenaustreibungen ist durch Jesus das Reich Gottes gekommen (vgl. Lk 11,20).

In der Begegnung mit Jesus wurde in den Menschen ihr innerster Kern, das Selbst, das Bild Gottes angesprochen. Dadurch wurden die, die sich darauf einließen, „glaubten", von innen her verwandelt. Jesus sagte: „Das Reich Gottes ist in euch." (Lk 17,21) Es geht also um die Entfaltung und Entwicklung des Personkerns im Menschen, daß das Göttliche im Menschen zum Durchbruch kommt.

„Wenn wir das Himmelreich in uns selber finden und es verwirklichen, erleben wir ein wachsendes Streben zur Ganzheit, einen zunehmenden Sinn für die Bedeutung unseres individuellen Wesens, neue, schöpferische Energien und eine Erweiterung des Bewußtseins. Dies führt uns über unsere Einzelexistenz hinaus zur Erfahrung einer transzendenten Lebensquelle und zu schöpferischem Leben im sozialen Bereich."[21]

C.G. Jung nennt diesen Prozeß Individuation. Der Individuationsprozeß oder das Reich Gottes im Menschen ist also dadurch gekennzeichnet, daß der Mensch über sein beschränktes Ich, d. h. über sein bisheriges Denken und Fühlen, seine bisherige Vorstellungswelt hinauswächst und sich in seiner Motivation neu erlebt. Er bekommt ein neues Lebensgefühl. Zugleich ist dieses Lebensgefühl mit Lebenssteigerung verbunden. Nur so wird verständlich, daß Menschen um des Reiches Gottes willen Haus und Hof, sogar die eigenen Angehörigen verließen (Lk 18, 28f):

Da sagte Petrus: „Siehe, wir haben das Unsere verlassen und sind dir nachgefolgt". Er sprach zu ihnen: „Wahrlich, ich sage euch: Niemand hat Haus oder Frau oder Brüder oder Eltern oder Kinder verlassen um des Gottesreiches willen, der nicht ein Vielfaches dafür erhält in der *jetzigen Welt,* in der kommenden aber ewiges Leben."

Die Intensität oder Lebenssteigerung schließt keineswegs das Leid aus. Man könnte auch umgekehrt sagen: Menschen, die intensiv leben, im

Leid oder auch in der Sünde, erfassen am ehesten, was das Reich Gottes bedeutet. In diesem Sinn sind die acht Seligkeiten zu verstehen (Mt 5, 2–12, noch mehr bei Lk 6, 20–22) und auch der Satz:

„Das Himmelreich leidet Gewalt, und die Gewaltsamen reißen es an sich." (Mt 11,12) „Jeder will mit Gewalt hinein" (Lk 16, 16). Oder auch: „Feuer auf die Erde zu werfen bin ich gekommen, und wie sehr wünschte ich, es würde schon brennen! Mit einer Taufe muß ich getauft werden, und wie drängt es mich, bis sie vollbracht ist." (Lk 12, 49–50)

Es läßt sich auch so ausdrücken: Reich Gottes ist das andere Extrem von Gedankenlosigkeit, Oberflächlichkeit, Langeweile, Sinnleere. Dort, wo es langweilig zugeht, ist sicher das Reich Gottes nicht. Zugleich erwacht der Sinn für die Bedeutung des individuellen Wesens. Es wirkt sich so aus, daß ein Mensch nicht mehr gelebt wird, sondern von sich heraus schöpferisch sein Leben gestaltet. Gefühle, Situationen, denen er früher hilflos ausgeliefert war, kann er jetzt meistern und darüber stehen. Bei Lukas ist ausgesprochen, daß Jesus sich als der stärkere gegenüber den Dämonen erwiesen hat; d. h. das Reich Gottes im Menschen befähigt diesen, alle psychischen und gesellschaftlichen Mechanismen zu durchbrechen und zum wahren Menschsein zu gelangen. Daß die so verstandene Entfaltung des Menschen zum sozialen Tun und Verhalten befähigt, steht außer Zweifel. Es ist sogar so, daß die von Jesus geforderte absolute Gottes- und Nächstenliebe erst durch den Individuationsprozeß möglich wird.

5.1.2. Die Sprache des Unbewußten: Träume-Symbole-Gleichnisse

Das Reich Gottes ist innerlich, in uns, psychologisch gesprochen: es ist wesentlich im Unbewußten. Das Ich mit Verstand und freiem Willen, dem sogenannten Bewußtsein, ist nur ein winziger Ausschnitt aus der Ganzheit der menschlichen Seele. Das unbewußte Leben ist viel umfangreicher, bestimmt das Erleben, die Gefühle, beinhaltet die Motivationen. Erst wenn das Unbewußte dem Ich zugänglich gemacht wird, wird der Mensch zur Ganzheit und entfaltet erst sein wahres Wesen. Das Bewußtsein drückt sich in klaren Begriffen aus, das Unbewußte hat eine symbolhafte Sprache: Träume. Diese drücken den Drang aus, den ganzen Menschen zu realisieren. Bei ihrer Deutung könnte man immer am besten den Satz voransetzen: „Es ist als ob . . .“ Träume stellen die innere Welt unserer Seele durch Bilder dar. Jesus wollte auch die innere Welt des Reiches Gottes in uns durch Gleichnisse darstellen. In ihrer symbolhaften Sprache entsprechen sie unseren Träumen. „Das Reich der Himmel ist wie . . .“ Die Gleichnisse Jesu bezeichnen also keineswegs nur äußere Vorgänge etwa über die Ausbreitung des Evangeliums nach außen, sondern innere, wie Gottes Kraft, bzw. das Selbst, sich im Menschen nach und nach durchsetzt, auf welche Widerstände es stößt, wie man damit umgehen soll usw..

5.2. Gesetzmäßigkeiten des Unbewußten

Das Unbewußte hat eine eigene Wirksamkeit, d. h. es läßt sich nicht unmittelbar beeinflussen. Gefühle lassen sich nicht einfach durch den Willen lenken. Das Unbewußte, aus dem die Gefühle kommen, hat andere Gesetzmäßigkeiten als das Bewußtsein und fordert deshalb eine andere Behandlung. Sehr oft meinen wir, wir könnten einem andern Gefühle ausreden, indem wir logische Beweise gegen diese Gefühle vorbringen. Wir ärgern uns dann, wenn der andere trotzdem sein Gefühl nicht aufgibt. Gefühle lassen sich nicht durch Einsicht bestimmen; das Unbewußte kennt andere Gesetzmäßigkeiten. Eine davon sind die

5.2.1. Paradoxien

Als wichtigsten Satz hat die Philosophie des Aristoteles den Satz von der Identität erkannt: A kann nicht gleich Nicht-A sein. Dieser Satz gilt aber nur für das Bewußtsein. Im Unbewußten kann genau das Gegenteil der Fall sein, z. B. kann man einen Menschen zugleich hassen und lieben.

Im Umgang mit dem Unbewußten sind die Paradoxien, d. h. widersprüchliche Aussagen, von besonderer Bedeutung.

Mt 10, 39: „Wer sein Leben gefunden hat, wird es verlieren, und wer sein Leben um meinetwillen verliert, der wird es finden". „Selig, die ihr jetzt hungert, ihr werdet gesättigt werden . . " (Lk 6, 21). Joh 12, 25: „Wer sein Leben liebt, der verliert es, und wer sein Leben in dieser Welt haßt, der wird es für das ewige Leben bewahren."

Es gibt zwei Arten von Leben, das eine, das seine Quelle im Bewußtsein hat, im Ich. Um sich auf diese Weise am Leben zu erhalten, muß der Mensch immer mehr an Macht, Genuß, Besitz, Ansehen an sich reißen. Er hat zunächst sein Leben gefunden. Aber diese Art von Leben hat eine schmale Basis, die auf die Dauer nicht trägt. Wer die Beziehung zu den schöpferischen Quellen des Unbewußten verloren hat, der kann Lebenskrisen nicht standhalten, er wird sein „Leben verlieren", auch im ganz wörtlichen Sinn. (Die Zahl der Selbsttötungen erreicht inzwischen in der Bundesrepublik die der Verkehrstoten). Die andere Art von Leben hat seine Quelle im Unbewußten, im Personkern oder im Selbst. Um dieses Leben zu gewinnen, müssen Werte des Lebens der ersten Art aufgegeben werden, z. B. Besitz, Genuß, Sicherheit. Erst durch dieses Aufgeben und Loslassen kann das zweite Leben gewonnen werden, das so stark ist, daß es durch keine Lebenskrise erschüttert werden kann. Die zweite Art von Leben verdient erst den Namen Leben (bei Johannes).

Es ist bemerkenswert, daß moderne Psychotherapeuten die Paradoxien in ihre Therapieanweisungen aufgenommen haben. So empfiehlt Viktor E. Frankl Menschen mit Zwangsvorstellungen die sogenannte paradoxe Intention, d.h. sie sollen sich absichtlich solche Gedanken vorstellen, gegen die sie sich dauernd wehren. In der Verhaltenstherapie spricht man von der negativen Übung: man soll genau das tun, wovor man Angst hat. Fritz Perls sagte seinen Patienten in der Gestalttherapie: „Gehe hinein in die Leere!"

5.2.2. Das Gesetz des Wachstums

Während das Bewußtsein nach den Gesetzen der strengen Logik arbeitet und durch Planung und Organisation die Welt gestaltet („alles ist machbar"), wirkt das Unbewußte nach den Gesetzen des Wachstums. Die Wachstumsgleichnisse über das Reich Gottes geben diesen Tatbestand anschaulich wieder.

Mk 4, 1–32: „Ein Sämann ging aus zu säen . . .". Das Gleichnis von der wachsenden Saat: „Mit dem Reiche Gottes ist es wie mit einem Mann, der den Samen in die Erde streut . . .", vom Senfkorn . . ., vom Sauerteig . . . (vgl. Mt 13, 31–33, Mk 4, 26. 30–32)

Die Wachstumsgleichnisse sagen uns: die entscheidendsten Dinge in unserem Leben, wie menschliches Verstehen, Sinn am Leben, Lebensfreude, sind nicht machbar. Das Reich Gottes ist wesentlich bestimmt durch den Charakter des Wachsens und Reifens, es ist ein Entwicklungs- bzw. Individuationsprozeß.

Das heißt weiter: Ein kleiner Anfang kann eine große Wirkung hervorbringen, es kommt gar nicht auf äußere Machtmittel, Institutionen an. Es gibt keine Grenzen des Wachstums, die durch Konfession, Volk oder Kultur gezogen sind. Man muß Geduld aufbringen und der Entwicklung Zeit lassen.

5.2.3. Das Gesetz der Bewußtwerdung

Der Prozeß der Individuation, der Selbstwerdung besteht wesentlich darin, daß abgespaltene Inhalte des Unbewußten dem Bewußtsein zugeführt werden. Das Ich soll Kontakt gewinnen zu den schöpferischen Kräften des Unbewußten. Diese wollen sozusagen geachtet und anerkannt werden. Geschieht dies nicht, so werden diese Kräfte oder auch Archetypen dem Menschen feindlich. In den Träumen treten sie als wilde, erschreckende Tiere auf. Kein Mensch kann ungestraft die unbewußte Seite seiner Seele vernachlässigen. Die vernachlässigten Seiten seiner selbst treiben den Menschen immer wieder ins Unglück, z. B. lassen sie eine Ehe mißlingen, bzw. führen ihn in eine unglückliche Verbindung.
Jesus hat höchst bewußt gelebt, er hat Dinge gesehen, die andere nicht gesehen haben, z. B. die Beobachtung, als eine arme Witwe im Tempel eine kleine Münze in den Opferkasten warf (Mk 12, 42). Jesus mahnt in den Aufrufen und Gleichnissen zur Wachsamkeit und zur klugen Voraussicht, die unbewußten Seelenanteile nicht zu vernachlässigen, weil das sehr gefährlich für den Menschen werden kann (vgl. Mt 25, 14f; Mk 13, 33–37; Lk 19, 12).
In diesen Gleichnissen ist von einem Mann die Rede, der auf Reisen ging und seinen Knechten seine Güter, bzw. sein Geld, anvertraute. Diejenigen von den Knechten, die an die Gegenwart

ihres Herrn denken und dessen Auftrag ausführen, werden reich belohnt; der Knecht, welcher den Auftrag seines Herrn vernachlässigt, wird schwer bestraft. Und zwar erscheint die Bestrafung sehr ungerecht und hart. Gerade Lukas, der sonst Jesu Verständnis für die Sünder besonders betont, bringt die ungewöhnlich harte Bestrafung des faulen Knechts und der Feinde des Herrn.

Vgl. Lk 19, 20–24: „Er sprach zu ihm: Aus deinem eigenen Munde nehme ich das Urteil für dich, du böser Knecht. Du wußtest, daß ich ein harter Mann bin, daß ich nehme, was ich nicht eingelegt, und ernte, was ich nicht gesät habe."

Darauf soll dem Knecht noch die Mine genommen und sie dem gegeben werden, der schon 10 hat. Jesus selbst begründet die sehr ungerecht erscheinende Maßnahme mit dem Satz:

„Ich sage euch: Jedem der hat, wird gegeben; wer aber nicht hat, dem wird auch das, was er hat, genommen werden." (Lk 19, 26).

Ebenso wird bei Mt 24, 43–51 und Lk 12, 42–46 eine sehr harte Bestrafung des nicht wachsamen und treulosen Knechts angekündigt. „Er wird ihn in Stücke hauen." (Mt 24, 51; Lk 12, 46) Jesus wollte sicher nicht einen strafenden und dazu sehr hart und ungerecht handelnden Gott verkünden. Worauf Jesus hier hinweist, ist jenes Gesetz, daß man nicht ungestraft das Unbewußte, vor allem den Herrn der menschlichen Seele, den religiösen Erlebnisfaktor, das Selbst, vernachlässigen kann. Es geht nicht um einen persönlichen, strafenden Gott, sondern um psychische Gesetzmäßigkeiten. Deren Befolgung oder Nichtbefolgung zieht ähnliche Folgen nach sich, wie die Einhaltung bzw. Nichteinhaltung von physikalischen Gesetzmäßigkeiten. Unter diesem Aspekt ist auch das Gleichnis vom betrügerischen Verwalter zu sehen. Vgl. Lk 16, 1–8. Jesus lobt den

Schwindler wegen seiner Klugheit, d. h. wegen der Bewußtmachung.

5.3. Schritte zur Individuation bzw. in das Reich Gottes

5.3.1. Erkennen der eigenen Bedürftigkeit und Entdecken des Neuen

Damit sich ein Mensch überhaupt in den Prozeß der Selbstwerdung und der Gottesbegegnung einlassen kann, bedarf es einer inneren Aufmerksamkeit und Sensibilität für existentielle Fragen, einer inneren Aufgebrochenheit und Erschütterung. Sanford sagt:

„Am ehesten kommen diejenigen in das Gottesreich, die erkannt haben, daß sie im Leben irgendwie verletzt oder geschädigt wurden."[22]

Die Satten und Selbstzufriedenen, die sich existentiellen Fragen nicht stellen, weil sie diese sehr gut durch äußere Dinge verdrängen können, bleiben in ihrer Egozentrik befangen und haben keinen Sinn für die Chancen des Reiches Gottes, bzw. einer inneren Entwicklung.

Dagegen sind Menschen, die durch innere Erschütterungen gegangen sind, aus der Bahn geworfen und so zu Außenseitern wurden, für die Arbeit an sich selbst und für die Botschaft vom Reich Gottes aufgeschlossener.

Vgl. Mt 21, 31: „Wahrlich, ich sage euch: die Zöllner und die Dirnen kommen vor euch in das Reich Gottes." Ebenso bei Lukas: „Da wurde der Hausherr zornig und sagte zu seinem Knecht: Geh schnell hinaus auf die Straßen und Gassen der Stadt und führe die Armen und Krüppel und Blinden und Lahmen hier herein . . ." (Lk 14, 21).

Das königliche Hochzeitsmahl bei Mt 22, 1–14 und Lk 14, 21 veranschaulicht, wie schlecht die Botschaft vom Reiche Gottes bei denen ankommt, die in ihrer bisherigen Bewußtseinsstruktur dauernd vom Leben belohnt werden, bei denen es immer glatt geht, die ungestört ihren Arbeiten und Plänen nachgehen können.

Die Begegnung der Sünderin mit Jesus (Lk 7, 36—50) zeigt wohl am deutlichsten, wie ein Mensch, der zwar im Chaos, aber intensiv gelebt hat, dem anderen, dem Pharisäer, der in der Ordnung, aber doch nur an der Oberfläche sich bewegte, im Verständnis vom Reiche Gottes weit voraus ist. Diese Frau stand Jesus näher, hat ihn mehr verstanden auf Grund ihrer Lebensgeschichte als der fromme Pharisäer. Man könnte ganz allgemein sagen, daß Menschen in Lebenskrisen für existentielle Fragen offener sind und damit mehr vom Reiche Gottes begreifen.

Die entscheidende Motivation, sich auf den Weg der Ganzwerdung und des Reiches Gottes zu machen, ist das *Neuheitserlebnis*. Es kann sein, daß in der Begegnung mit einem anderen Menschen völlig neue, ungeahnte Aspekte des Daseins aufbrechen. Man hat ein noch nie gespürtes Glücksgefühl, das alles bisherige Erlebte in den Schatten stellt. Dieses Gefühl verschwindet zwar nach einiger Zeit, aber man möchte, daß es Dauerzustand wird. „Ich werde alles daransetzen, damit es wieder eintritt." So könnte es den Menschen in der Begegnung mit Jesus ergangen sein. Jesus gebraucht für diesen Vorgang das Gleichnis vom Schatz im Acker.

Mt 13, 44 f. „Das Himmelreich ist gleich einem im Akker verborgenen Schatz, den einer fand und verborgen hielt. Voll Freude geht er hin, verkauft alles, was er hat, und kauft jenen Acker".

Deutlich wird hier auf das innere Erlebnis angespielt, man kann es aber nicht jedem Beliebigen sagen. Erst wenn es Dauerzustand geworden ist, wenn es in die Persönlichkeit ganz integriert ist, kann man damit an die Öffentlichkeit gehen.

5.3.2. Trennung von der bisherigen Bezugsgruppe

Der unbewußt und unreflektiert lebende Mensch bezieht sein Selbstverständnis und Selbstwertgefühl aus der Tatsache, daß er zu einer Gruppe gehört, ob das nun die Familie, das eigene Volk, die politische Partei, die Konfession oder Kirche ist. Der Aufruf zum Reiche Gottes bedeutet, daß wir unser individuelles Bewußtsein entwickeln, daß wir unser je eigenes Verständnis vom Sinn unseres Lebens finden und daß wir aufhören, uns unüberlegt und unbedacht mit den Bezugsgruppen, zu denen wir gehören, zu identifizieren.

Die unbewußte Identifizierung (Gleichsetzung) mit Vater und Mutter, mit dem Ehepartner oder auch mit den Kindern verhindert, daß man zu sich selbst kommt und selbst sein Leben schöpferisch gestaltet; es hält vor allem davon ab, daß man den andern freigibt. Ein Ehepartner, der selbst noch an seine Eltern fixiert ist, hat es schwer, dem andern Partner den Spielraum und die Freiheit für die eigene Entwicklung zu lassen. Die Gefahr ist groß, daß einer den andern bevormunden will. Es ist für ein menschliches Zusammenleben unerläßlich und für den Eintritt in das Reich Gottes unbedingt erforderlich, daß diese Bindungen des Unbewußten geopfert werden. Es geht nicht um eine äußere Trennung, etwa daß man einfach seine Familie im Stich läßt. Im Gegenteil: Erst in der Selbstwerdung und im Anderssein, in der Entfaltung des einzelnen, wenn also jeder den für ihn so notwendigen Freiheitsraum hat, wird eine Gemeinschaft sinnvoll und friedlich zusammenleben können. Es geht also um eine Trennung des Unbewußten! Die äußere Auseinandersetzung (auch im ganz wörtlichen Sinn) wird zwar nicht ausbleiben, aber sie braucht nicht unbedingt zu einer Aufgabe der

Gemeinschaft führen. Diese harte Auseinandersetzung im Bereich des Unbewußten meint Jesus,
wenn er sagt:
„Glaubt ja nicht, ich sei gekommen, Frieden auf die
Erde zu bringen. Ich bin nicht gekommen, den Frieden zu bringen, sondern das Schwert. Denn ich bin gekommen, den Menschen gegen seinen Vater zu ent-
zweien und die Tochter gegen ihre Mutter und die
Schwiegertochter gegen ihre Schwiegermutter, und
des Menschen Feinde werden seine eigenen Hausge-
nossen sein." (Mt 10, 34–36) Lukas hat diesen Vorgang noch härter formuliert: „Wenn jemand zu mir
kommt und nicht Vater und Mutter und Weib und
Kinder und Brüder und Schwestern und dazu auch
sein eigenes Leben haßt, so kann er nicht mein Jünger
sein." (Lk 14, 26)

5.3.3. Aufgeben der Maske

Jeder erwachsene Mensch nimmt eine bestimmte
Position mit bestimmten Erwartungen seiner
Mitmenschen ein. Um sich deren Achtung zu erhalten, muß er bestrebt sein, deren Erwartungen,
d. h. eine festumschriebene Rolle mit entspre-
chenden Verhaltensweisen, zu erfüllen. Er hat eine äußere Person, eine persona oder Maske. Die
Schwierigkeit besteht darin, daß damit die innere
Person, vor allem der Personenkern, nicht immer
übereinstimmt, daß dieser häufig vernachlässigt
wird. Ein solcher Mensch handelt nur nach äußeren Motiven, ist total von außen bestimmt, innerlich aber ist er tot. Er will einen äußeren Schein
aufrechterhalten, dem das Sein nicht mehr entspricht. *Die Echtheit, die Spontaneität, das
Schöpferische* wird unterdrückt, kommt nie zum
Durchbruch. Darin aber besteht im wesentlichen
das Reich Gottes in uns. Deshalb kann kein
Mensch in das Reich Gottes kommen, der nicht
seine Maske abgelegt hat. Das heißt: um seinen
innersten Kern zu entdecken und ihn zu leben,

muß er bereit sein, selbst die Mißachtung seiner Umwelt in Kauf zu nehmen. Jesus greift deshalb die Pharisäer an und nennt sie Heuchler, weil sie nur ihre Maske leben und sie nicht aufgeben wollen.

„Hütet euch vor dem Sauerteig der Pharisäer, der nichts als Heuchelei ist. Nichts ist verhüllt, das nicht offenbar werden wird und nichts verborgen, das nicht bekannt werden wird." (Lk 12, 1f) „Und wenn ihr betet, so seid nicht wie die Heuchler. Sie lieben es nämlich, in den Synagogen und an den Straßenecken herumzustehen und zu beten, um den Leuten in die Augen zu fallen. Wahrlich, ich sage euch: sie haben ihren Lohn schon empfangen." (Mt 6, 2) Jesu Aufruf zum Bekenntnis ist gleichbedeutend mit dem Ablegen der Unechtheit, des äußeren Scheins: „Jeder, der sich zu mir vor den Menschen bekennt, zu dem werde auch ich mich vor meinem Vater im Himmel bekennen". (Mt 10, 32)

5.3.4. Konfrontation mit dem inneren Gegner

Wer sich mit der äußeren Maske identifiziert, in dem baut das Unbewußte eine entgegengesetzte Position in Form eines inneren Gegners, auch Schatten genannt, auf. Das heißt, alle vernachlässigten Kräfte und Strebungen des Unbewußten lassen den Menschen genau das Gegenteil von dem tun, was er in seiner äußeren Maske anstrebt. Ein solcher Mensch lebt dauernd in Feindschaft mit sich selbst und hat auch dann entsprechend viele äußere Feinde. Z. B.: Je mehr ein religiöser Mensch alle Frömmigkeitsübungen zu erfüllen trachtet, im vollsten Gehorsam gegen alle vorgegebenen Normen und Vorschriften, desto stärker kann sich in ihm mangelndes Gottvertrauen, Unglaube, Feindschaft und Unduldsamkeit breit machen. Die Kluft, die Menschen in Meinungen, Ideologien, politische Parteien, religiöse Konfessionen trennt, besteht in der

Nichtannahme des eigenen Schattens. Die Nichtaussöhnung mit dem inneren Gegner wird
schließlich dem Menschen zum Verhängnis. Die
Aussöhnung mit dem inneren Gegner, welche
die Versöhnung auch mit dem äußeren ein-
schließt, meint Jesus:

„Willfahre schnell deinem Gegner, während du noch
mit ihm unterwegs bist, damit dich nicht der Gegner
dem Richter und der Richter dem Gerichtsdiener
übergibt und du ins Gefängnis geworfen wirst. Wahrlich, ich sage dir: du wirst von dort nicht eher heraus-
kommen, bis du den letzten Pfennig bezahlt hast." (Mt
5, 25f; Lk 12, 57–59)

Es geht Jesus um mehr als um den guten Rat,
Streitfälle außerhalb des Gerichts zu regeln.
Denn wer sagt, daß wir bei einem Streitfall immer
im Unrecht sind? Eine Nichtaussöhnung mit
dem inneren Gegner heißt, einfach die Dinge bei
sich schleifen lassen, sich nicht um eine innere
Ordnung und Neuorientierung mühen, Nicht-
hinsehen auf das Dunkle in einem und um einen
selbst. Dies hat verhängnisvolle Konsequenzen,
nicht nur für den einzelnen, sondern für ganze
Völker. Die großen Katastrophen in der Kir-
chengeschichte wie die Spaltung der Reformation
und der dreißigjährige Krieg, die französische
Revolution und auch die Naziherrschaft sind
Durchbrüche des seit Jahrhunderten vernachlässigten, verachteten und bekämpften inneren
Gegners oder des Schattens der Kirche, bzw. der
sogenannten christlichen Gesellschaft.

5.3.5. Beachtung des Geringsten und Umkeh-
rung der Rangordnung

Wer sich in den Wachstumsprozeß des Reiches
Gottes einläßt und sich mit seinem inneren Gegner versöhnt, wird bisher vernachlässigte Werte,
Einstellungen und Persönlichkeitsanteile wahrnehmen und schätzen lernen. Allmählich wird

sich dann die Rangordnung der Werte umkehren. Es kann sein, daß eine fromme Person in der Erfüllung und Einhaltung kirchlicher Vorschriften und vor allem in der Hinzugewinnung von neuen Gesinnungsgenossen den höchsten Wert gesehen hat; dagegen erschienen Werte wie Freiheit, Spontaneität, schöpferisches Gestalten, Lebensfreude als keineswegs erstrebenswerte christliche Ideale. Im Laufe der Entwicklung kann sich die Rangordnung der Werte umkehren: das, was sie bisher so gering geschätzt hat, kommt ihr jetzt als höchst erstrebenswert vor. Diesen inneren Vorgang beschreibt Paulus im Philipperbrief:

„Was mir einmal als Vorteil galt (seine hohe Stellung in der jüdischen Gemeinschaft), das habe ich um Christi willen als Unwert erachtet". (Phil 3, 7)

Was Paulus so direkt beschreibt, hat Jesus im Gleichnis von der verlorenen Drachme ausgedrückt (vgl. Lk 15, 1—10). Man könnte sagen: das verlorene Schaf und die verlorene Drachme repräsentieren jene verlorenen, unbewußten Persönlichkeitsanteile, Werte und Kräfte des Unbewußten, die dem Menschen zu seinem Glück, zur Ganzheit fehlen. Sie werden ihm deshalb zum wichtigsten Inhalt seines Strebens, sie rangieren in der Rangordnung der Werte an erster Stelle. Erst, wenn ein Mensch diese verlorenen Anteile seiner selbst gefunden hat, ist sein Glück vollständig.

In eine ähnliche Richtung weist auch das Gleichnis von den Arbeitern im Weinberg (vgl. Mt 20, 1—16). Weil das Innen dem Außen entspricht, wird ein Mensch, der im Reich Gottes ist, als seine wichtigste Aufgabe erkennen, daß er sich den Geringsten und Verachtetsten zuwendet: den Landstreichern, den körperlich und seelisch Leidenden, den Verzweifelten und Alleingelassenen. In der Sorge um die Geringsten erlangt er seine eigene Ganzheit, d. h. sein eigenes Glück.

5.4. Der Gemeinschaft stiftende Charakter der Individuation

Die Auseinandersetzung mit der eigenen Bezugsgruppe, die Distanzierung vom Stammes- bzw. vom angestammten, unreflektierten, traditionellen Denken, schafft nicht isolierte Einzelindividuen, sondern ermöglicht neue und zwar authentische, d. h. echte Beziehungen. Der andere wird um seiner selbst willen gemocht und nicht nur, weil und solange er zur selben Gruppe gehört und deren Normen erfüllt. Als die Verwandten Jesus holen wollen, verweist er auf diese neue Art der Beziehung:

„Seht, meine Mutter und meine Brüder. Denn wer den Willen meines Vaters tut, der im Himmel ist, der ist mein Bruder, meine Schwester oder meine Mutter." (Mt 12, 49f)

In dieser neuen Gemeinschaft ist auch ein Rangstreit überflüssig, weil der einzelne sein Selbstwertgefühl nicht mehr aus der Einschätzung der anderen erfährt, sondern aus seiner eigenen Tiefe und aus dem Angenommensein durch Gott (vgl. Mt 20, 20−28). Der Gemeinschaft stiftende Charakter des Reiches Gottes ist in der Apostelgeschichte herausgestellt:

„Alle, die zum Glauben fanden, hielten zusammen und hatten alles gemeinsam, sie verkauften Hab und Gut und teilten davon allen zu, je nachdem einer bedürftig war." (Apg 2, 44)

Zusammenfassung

Das Reich Gottes, das mit Jesus gekommen ist, wird in den Begriffen der Analytischen Psychologie mit Selbstfindung, Reifung, Individuation oder Durchbruch des Göttlichen im Menschen beschrieben. Um diesen Durchbruch zu ermöglichen, bedarf es des rechten Umgangs mit dem Unbewußten, das seine eigene Sprache und eigene Gesetzmäßigkeiten hat.

Jesus hat in seinen Worten und Gleichnissen Anleitung zu diesem Umgang gegeben. Die einzelnen Schritte dieses Prozesses führen zur Ausgestaltung des Eigenen, Individuellen im Menschen, des Schöpferischen und Spontanen gegenüber einem bloßen äußeren Erfüllen von Normen. Zugleich wird dadurch echte Gemeinschaft gestiftet, die nicht mehr auf einer bloßen unbewußten Identifikation der Gruppenmitglieder untereinander beruht, sondern auf authentischen, d. h. echten Beziehungen, in der einer den andern um seiner selbst willen hochschätzt.

Anmerkungen

[1] C.G. Jung, Psychologie und Alchemie, Bd. 12, S. 25, Olten 1976.

[2] O. Semmelroth, Handbuch theologischer Grundbegriffe, München 1962, S. 629.

[3] Institut für Demoskopie Allensbach: „Kirchenbesuche und religiöse Einstellungen" Kommentarband, Allensbach 1982, S. 135.

[4] Maria Kassel, Biblische Urbilder, München 1980.

[5] John A. Sanford, Alles Leben ist innerlich, Olten 1974.

[6] Eugen Drewermann, Tiefenpsychologie und Exegese, Olten 1984.

[7] Vgl. A.a.O. I, S. 78.

[8] Otto Karrer, Legenden und Lande, Zürich 1975, S. 32.

[9] Erich Neumann, Die Große Mutter, Olten 1974, S. 23.

[10] Carlos Castaneda, Reise nach Ixtlan, Ffm. 1978, Fischer-Tab. 1809.

[11] Derselbe, Eine andere Wirklichkeit, Ffm 1978, Fischer-Tab. 1616.

[12] C.G. Jung, Bd. 12, S. 76.

[13] A.a.O. S. 68.

[14] C.G. Jung, Über die Entwicklung der Persönlichkeit, Bd. 17.

[15] A.a.O. S. 205.

[16] Hanna Wolff, Jesus, der Mann, Stuttgart 1975.

[17] Laotse: Tao Te King, Weilheim, S. 43.

[18] Koan ist ein mit dem Verstand unlösbares Rätsel, das Zen-Meister ihren Schülern aufgeben. Die Lösung ergibt sich nicht über das logische Denken, sondern über die gegenstandslose Meditation. Vgl. E. Lassalle, Zen-Meditation für Christen, Weilheim 1969, S. 23–26.

[19] C.G. Jung, Zur Psychologie westlicher und östlicher Religion, GW 11, S. 171.

[20] Derselbe, Praxis der Psychotherapie, Bd. 16, S. 280.

[21] Sanford, Alles Leben ist innerlich, S. 22.

[22] A.a.O. S. 46.

MÜNSTERSCHWARZACHER KLEINSCHRIFTEN
Schriften zum geistlichen Leben
ISSN 0171-6360
herausgegeben von Mönchen der Abtei Münsterschwarzach